Hermann Jahnke
Otto Fürst von Bismarck – Leben und Wirken

Reihe *Deutsches Reich – Schriften und Diskurse
Reichskanzler, Bd. I/XIII*

Herausgegeben von Björn Bedey
Mit einem Vorwort von Sebastian Liedtke

Jahnke, Hermann: Otto Fürst von Bismarck – Leben und Wirken
Hamburg, SEVERUS Verlag 2013

Reihe Deutsches Reich – Schriften und Diskurse
Reichskanzler, Bd. I/XIII
Herausgeber: Björn Bedey
Mit einem Vorwort von Sebastian Liedtke

ISBN: 978-3-86347-766-0
Druck: SEVERUS Verlag, Hamburg, 2013

Der SEVERUS Verlag ist ein Imprint der Diplomica Verlag GmbH.

Bibliografische Information der Deutschen Nationalbibliothek:
Die Deutsche Nationalbibliothek verzeichnet diese Publikation in der Deutschen Nationalbibliografie; detaillierte bibliografische Daten sind im Internet über http://dnb.d-nb.de abrufbar.

© **SEVERUS Verlag**
http://www.severus-verlag.de, Hamburg 2013
Printed in Germany
Alle Rechte vorbehalten.

Der SEVERUS Verlag übernimmt keine juristische Verantwortung oder irgendeine Haftung für evtl. fehlerhafte Angaben und deren Folgen.

SeveruS

Vorwort

zur Reihe *Deutsches Reich – Schriften und Diskurse*

Verehrter Leser,

aus der politisch-historischen Perspektive betrachtet, bezeichnet das Deutsche Reich den deutschen Nationalstaat in den Jahren von 1871 bis 1945. In dieser Zeitspanne von 74 Jahren – dem Lebensalter eines Menschen entsprechend – entwickelte sich der erste einheitliche Nationalstaat aller Deutschen von einer Monarchie (dem Deutschen Kaiserreich von 1871 bis 1918) über eine pluralistische, gemischt präsidialparlamentarische Demokratie (der Weimarer Republik von 1919 bis 1933) bis hin zu einer totalitären Diktatur (der nationalsozialistischen Herrschaft von 1933 bis 1945). Das Deutsche Reich hatte in diesem Zeitraum zwei Weltkriege zu verantworten.

Die politischen sowie persönlichen Erfahrungen und Handlungen der Deutschen in der Zeit des Deutschen Reiches waren und sind die historische Bürde, aber auch das historische Fundament der von den Siegermächten des zweiten Weltkriegs 1949 gegründeten Bundesrepublik Deutschland. Auch für die seit 1990 bestehende Berliner Republik wirkt das Deutsche Reich immer noch nach und bestimmt auch die politischen Handlungsoptionen nachhaltig. Für das Verständnis unserer politischen Gegenwart und die Abwägung der Handlungsoptionen für die Zukunft ist die Kenntnis dieser Grundlagen unerlässlich.

Zeitzeugen aus dem Deutschen Kaiserreich und auch aus der Weimarer Republik leben nicht mehr. In wenigen Jahren werden auch die persönlichen Berichte aus der Zeit der Diktatur der Nationalsozialisten nur noch als audiovisuelle Aufzeichnung verfügbar sein.

Wer waren jedoch die entscheidenden Köpfe in dieser Zeit? Was bewegte die Herrschenden und die Opposition? Wie kam es zu den Entwicklungen? Diesen Fragen widmet sich diese Buchreihe, in der Schriften aus der Zeit des Deutschen Reiches wieder verlegt und damit der Nachwelt für das authentische Quellenstudium zugänglich gemacht werden.

Gerade in unserem, dem sogenannten digitalen Zeitalter, ist die Gefahr der Vernichtung und vor allem der Verfälschung von Quellen so groß wie bisher in keiner anderen Phase der Neuzeit. Die Bibliotheken sind gezwungen, mit immer geringeren Budgets zu haushalten und können den Interessierten nur noch selten den Zugang zu den Schriftstücken im Original gewähren. Die Anzahl antiquarischer Bücher sinkt stetig aufgrund des altersbedingten Verfalls, der unvermeidbaren Zerstörung durch Unfälle und Naturkatastrophen sowie des Abhandenkommens durch Diebstahl. Viele Titel verschwinden zudem in den Regalen von Sammlern und sind für die Allgemeinheit nicht mehr zugänglich. Das Internet mit seinem vermeintlich unbegrenzten Zugriff auf Informationen stellt sich immer mehr als die große Bedrohung für Überlieferungen aus der Vergangenheit heraus. Die Bezugsquellen der digitalen Daten sind nicht nachhaltig, die Authentizität der Inhalte nicht gewährleistet und deren Überprüfbarkeit längst unmöglich. Die Digitalisierung von Bibliotheksbeständen erfolgt meist automatisiert und erfasst die Schriften häufig lückenhaft und in schlechter Qualität. Die digitalen Speichermedien wie Magnetplatten, Magnetbänder oder optische Speicher haben im Gegensatz zu Papier nur einen sehr kurzen Nutzungszeitraum.

In der vorliegenden Reihe Deutsches Reich – Schriften und Diskurse werden authentische Schriften und Reden der Reichskanzler, begleitende Texte Parlamentsabgeordneter und Ideologen der Parteien, sowie allgemeine politisch-historische Abhandlungen verlegt.

Björn Bedey

Herausgeber der Reihe *Deutsches Reich – Schriften und Diskurse*

Vorwort
zu vorliegendem Werk

Über Otto von Bismarcks Wirken als preußischer Ministerpräsident und Außenminister, als Reichsgründer des Deutschen Kaiserreiches (ab 1871) und dessen "Eiserner Kanzler", als "ehrlicher Makler" während der Balkankrise 1878, insgesamt als einer der wichtigsten europäischen Politiker seiner Zeit, weiß man zahlreiche Anekdoten zu erzählen. Es gibt unzählige Werke, die sein politisches Lebenswerk behandeln und jede noch so kleine Begebenheit in erschöpfender Detailgenauigkeit ausbreiten.

Wie aber wurde Bismarck zu dieser bedeutenden Persönlichkeit?em Mann, der er war? Welche Menschen haben ihn in seiner Kindheit und Jugend geprägt, welche Erfahrungen hat er als Heranwachsender gemacht, welche Erziehung hat er genossen, welche Schulen hat er besucht? All diese Fragen, die von großer historischern Bedeutung sind, werden in diesem Werk behandelt. Auch wenn es unzählige Bücher und Texte über Otto von Bismarck gibt, kann man dennoch beim Lesen dieser (Jugend-)Biografie einen neuen Einblick auf die historische Person des Menschen Bismarck gewinnen.

Der Autor, Hermann Jahnke, misst den Zeitumständen, unter denen Otto von Bismarck geboren wurde, sehr große Bedeutung bei. Das Jahr seiner Geburt, 1815, falle demzufolge nicht zufällig mit dem endgültigen Sieg der sich gegen Napoleon verbündeten Allianz von Preußen und England beim belgischen Waterloo zusammen, dem zum Sinnbild gewordenen endgültigen Punkt der größten anzunehmenden Niederlage des ehemamligehemalig unbesiegbaren miitärischenmilitärischen Genies. Der korsische General, der sich selbst die französische Kaiserkrone aufgesetzt hatte, hatte unterjochte in den Jahren zuvor in beinah unvorstellbarer militärischer Effizienz und Kaltblütigkeit große Teile halb Europas unterjocht und stellte es unter französische Herrschaft gestellt. Bereits einmal war er 1813 in einer wahren "Völkerschlacht" vom mit Russland und Österreich verbündeten Preußen geschlagen und in Verbannung geschickt worden, aus dieser allerdings unerwartet wiedererstarkt zurückgekommen, um sein militärisches Werk zu vollenden.

In diese Zeit der "Freiheitskriege", wo sich erstmals die deutschen Staaten verbünden, um sich gemeinsam gegen den äußeren Aggressor zu verteidigen, einem höheren Zweck, der Verteidigung gegen den äußeren Aggressor, zu dienen, wo "heiße Liebe zum Vaterland" entbrennt und "flammender Kampfesmut" die Herzen erfüllt, wird laut Jahnke ein verjüngtes, lebenskräftiges Volk geboren, das die nationale deutsche Einheit anstrebte. Zum ersten Mal lässt sich der Ruf vernehmen, dass es das "ganze Deutschland" sein solle, "soweit die deutsche Zunge klingt". Die Deutschen, die diesen Namen erst mehr als ein halbes Jahrhundert später als offiziell auch als politisch geeintes Volk erst mehr als ein halbes Jahrhundert später werden tragen dürfen, werden erhöht zu einem Volk der Freiheitskämpfer. Das preußische Motto gegen die Fremdherrschaft durch Napoleon wird sinnbildlich unter dem Motto vereint: "Nur Eisen kann uns retten!" vereint, der selbstbestimmte Kampf für das Recht, unter eigener Herrschaft zu leben, wird erbittert ausgefochten. Und gerade in diese Zeit wird der kommende Staatsmannn und -lenker Otto von Bismarck hineingeboren.

Am 1. April 1815 wird auf dem altmärkischen Gut Schönhausen dem Rittermeister Ferdinand Bismarck und seiner Frau Luise Wilhelmine ihr zweiter Sohn, Otto, geboren. Das harte Land, das nur unermüdlich arbeitenden Menschen seinen spärlichen Reichtum offenbart, und die Erziehung seiner bodenständigen und prinzipientreuen Eltern, lassen den kleinen Otto schon ab frühester Kindheit an begreifen, dass man im späteren Leben es seine Ziele nur durch die Mischung aus harter Arbeit und purer Willenskraft erreichen kannim späteren Leben zu etwas bringen kann. Otto erlebt eine naturverbundene Kindheit, schont gerade im spielerischen Wettstreit mit seinem älteren Bruder Bernhard niemals seine jungendlichen Kräfte und, geht keinem körperlichen oder geistigen Kräftemessen aus dem Weg.

Dieser Wesenszug soll ihm ab 1821 zu Gute kommen, wo er mit sechs Lebensjahren seine Aufnahme in der Plamannschen Schule in Berlin findet. Die von spartanischer Einfachheit geprägte Schule war bekannt dafür, aus unreifen Knaben, die ihren Weg im Leben finden sollten, junge Männer mit Charakter werden zu lassen. Otto bewährt sich auf vielfältige Weise und erarbeitet sich sowohl den Respekt seiner Mitschüler als auch die AnnerkennungAnerkennung seiner Lehrer. Bereits hier, im jugendlichen Alter, offenbart sich sein Talent dafür, andere zu führen. Bei spielerischen Herausforderungen wie Schneeballschlachten, die in handfesten Kampfspielen und Prügeleien enden, führt er mutig seine "Truppen" und schlichtet notfalls mittels angeborener Autorität, wenn es manche seiner Mitschüler zu weit treiben.

Sein weiterer Weg führt ihn im Anschluss 1827 ins Friedrich-Wilhelm-Gymnasium zu Berlin, wo er ebenfalls auf sich aufmerksam macht, vor allem durch seine leichte Auffassungsgabe, seinen scharfen Verstand und sein phänomenales Gedächtnis. 1832 schließlich wird er sein Abitur am Gymnasium Zum Grauen Kloster ablegen.

All die Begebenheiten und kleinen Geschichten aus Bismarcks Kindheit und Jugend, die in diesem Buch vereint sind, geben Aufschluss darüber, wie aus dem kleinen Otto im Laufe der Jahrzehnte ein anderer wird, nämlich der Fürst von Bismarck. Die äußeren Umstände seiner Geburt, hineingeboren in eine kriegerische Welt, die sich vor allem konstatiert in Abgrenzung an den "Erbfeind" Frankreich und die geprägt ist von Freiheitskampf und dem Willen zur nationalen Selbstbestimmung, lassen ihn zum "Eisernen Kanzler" des Deutschen Reiches werden, der unnachgiebig seine Pflicht erfüllt, Schaden vom Vaterland abhält und dem preußischen König und deutschen Kaiser dient. Hermann Jahnke stellt in seiner 1890 erschienenen Biografie die Jugend des zu dieser Zeit bereits 75jährigen in den Vordergrund, der genau in diesem Jahr vom jungen, unbeherrschten Kaiser Wilhelm II. politisch abgesetzt und in den Ruhestand versetzt wird.

Sebastian Liedtke
Sebastian Liedtke studierte Neuere, Neueste und Zeitgeschichte an der Universität Bremen und arbeitet derzeit als Lektor für den Severus Verlag.

I. Unter dem Zeichen des Eisenkreuzes

> „Geknebelt und geknechtet lag
> in Bonapartes Banden
> Die halbe Welt. – die Kette brach,
> Als Deutschland aufgestanden,
> Und siegesfroh
> Bis Waterloo
> ihn unsre Väter trieben.
> Doch ob sie stritten heldengleich,
> Ihr Preis, das Reich – – – –
> Wo ist das Reich geblieben?"
> *Wilhelm Jordan*

Groß und bedeutungsschwer war die Zeit, aus welcher der Held dieses Buches, der Mann hervorgegangen ist, mit dessen gefeierten Namen die Geschicke unseres deutschen Vaterlandes fast vier Jahrzehnte aufs engste verknüpft waren. Und nicht ohne sinn- und vorbildliche Beziehungen zu den gewaltigen Ereignissen dieser Zeit ist jener denkwürdige Tag, an dem einst Fürst Bismarck, der erste Kanzler des neuen Deutschen Reiches, das Licht der Welt erblickte.

Es war am 1. April des Jahres 1815. Die Frühlingszeit kehrte in die deutschen Lande wieder. Gesprengt lagen die Fesseln, in welche des Winters Gewaltherrschaft die Erde geschlagen hatte. Allerorten keimte und sproß neues Leben. Die gefiederten Sänger ließen ihre Jubellieder erschallen; im frischen Grün prangten die Saaten auf den Feldern. Doch es standen noch die Tage des wetterwendischen Aprils und die strenge Zeit der Nachtfröste bevor, welche Keime und Knospen bedrohten.

„Alles Vergängliche
ist nur ein Gleichnis."

Die Vorgänge im Leben der Natur boten ein treffendes Bild dessen, was sich zu jener Zeit im Leben der Völker zutrug.

Napoleon Bonaparte hatte, einer Gottesgeißel gleich, seinen Eroberungszug über Länder und Meere gehalten. Mit gewaltiger Faust beugte er die Völker unter die Macht seines Zepters. Auch unser deutsches Vaterland war von seiner furchtbaren Zuchtrute auf das schmerzlichste getroffen worden. Unter dem Schritt des Weltüberwinders mußte das freilich schon lange altersmorsche „Römische Reich deutscher Nation" in Trümmer sinken. Kaiser Franz aus dem Hause Habsburg hatte die Krone und den Herrscherstab, welche einst ein Otto der Große, ein Friedrich Rotbart getragen, freiwillig niedergelegt, nachdem eine Anzahl deutscher Fürsten es nicht ihrer Ehre und Würde zuwider gehalten, sich unter den Schutz des fremden Gewaltherrschers zu stellen. Preußen, das nach den Worten der Königin Luise auf den Lorbeeren Friedrichs des Großen eingeschlafen war, hatte sich vergeblich dem Anprall des mächtigen Eroberers entgegengestellt; es war zertrümmert und an den Rand des Verderbens gebracht worden. Das Vaterland in seiner Schmach, Ohnmacht und Zerrissenheit konnte nicht mehr mit dem einst so ehrenvollen Namen eines Deutschen Reiches bezeichnet werden.

Doch endlich brach über den gewaltigen Eroberer das Strafgericht Gottes herein: in Rußland wurde seinem unerhörten Siegerglück ein Ziel gesetzt. Für die geknechteten Völker kam die Stunde der Erlösung. In der schweren Zeit der Trübsal, da sich das deutsche Volk wieder auf sich selbst besonnen, erwachte der alte Heldengeist wunderbar aufs neue.

Preußens König, Friedrich Wilhelm III., wohlberaten von Männern wie Stein, Hardenberg, Scharnhorst, hatte seinem treuen Volke durch Befreiung des Bauernstandes von der Leibeigenschaft, durch Einführung einer neuen Städteordnung und der allgemeinen Wehrpflicht köstliche Güter an Rechten und Freiheiten gewährt und ihm, um es ganz zur freien Mitarbeit an den Aufgaben des Gemein- und Staatslebens mündig zu machen, die Entwürfe zu einer Neugestaltung der Provinzialstände und zur Bildung einer öffentlichen Landesvertretung in Aussicht gestellt. In dem dankbar zu seinem Könige aufblickenden Preußenvolke vollzog sich unter der Wirksamkeit patriotischer Geisteshelden wie Fichte, Arndt, Humboldt, Jahn u. a., eine völlige Wiedergeburt. Es lernte wieder wahrhaft deutsch fühlen und denken, und die Glut der Begeisterung für den Kampf um die Befreiung des Vaterlandes, die, angefacht durch jene herrlichen Männer, allerorten erwachte, griff bald weiter um sich, bis sie auch die Herzen der deutschen Brüder in den andern Landen erfaßte. Theodor Körner sang, indem er von Wien herbeieilte und sich freiwillig unter Preußens Fahne stellte:

„Frisch auf, mein Volk, die Flammenzeichen rauchen,
Hell aus dem Norden bricht der Freiheit Licht!"

Es kam eine Zeit für das deutsche Vaterland, wie sie größer seit den Tagen der Kreuzzüge und der Reformation nicht mehr gesehen worden, jene wahrhaft hehre und heilige Zeit, welche unter dem Zeichen des Eisernen Kreuzes stand. Demütiger, gottergebener Sinn, durchglüht von der heißesten Liebe zum Vaterlande und flammendem Kampfesmute, hatte aller Herzen erfüllt. In der Einsetzung des Eisernen Kreuzes als dem höchsten Ehrenzeichen- für die in den Freiheitskampf ziehenden Krieger verlieh König Friedrich Wilhelm III. von Preußen jenem Geiste das schönste Sinnbild, wie denn das Eisen, das prunklose, wehrhafte und feste Metall, zum allgemeinen Symbole der Zeit wurde.

„Denn nur Eisen kann uns retten,
Uns erlösen kann nur Blut!"

Also gab der Freiheitssänger Max von Schenkendorf dem allgemeinen Empfinden des Volkes begeisterten Ausdruck. Bräute und Gattinnen brachten ihre goldenen Fingerringe auf dem Altare des Vaterlandes willig zum Opfer dar, um eiserne dafür einzutauschen, welche die Inschrift trugen: „Gold gab ich für Eisen."

Der Kampf um die Befreiung des Vaterlandes von den Fesseln einer ebenso drückenden als schmachvollen Fremdherrschaft ward zum

Gottesdienste; die Flamme der Begeisterung, die alle trieb und bewegte, erweckte die höchsten Tugenden, die je ein Volk geschmückt haben. Die Sänger des Volkes wurden zu Priestern und Propheten der Freiheit, die wie die Seher alter Zeiten in glühenden Reden und zündenden Liedern zum Kampfe anfeuerten. Freiwillig oder auf den Ruf des Königs drängten sich die Scharen, Knaben und Greise selbst, zu den Waffen. Ein Geschlecht von Helden erwuchs wie über Nacht aus dem geheiligten Boden der Volksbewegung. Das weibliche Geschlecht wetteiferte mit dem männlichen um den Preis des kühnsten Opfermutes für die Sache des Vaterlandes. Schienen doch sogar die Geister abgeschiedener Helden und Heldinnen herniedergestiegen und unter das Volk getreten zu sein, um an der allgemeinen Erhebung teilzunehmen. Die am 19. Juli 1810 gestorbene edle Preußenkönigin Luise, welcher der Gram um den Untergang des Vaterlandes das Herz gebrochen, wurde dem Volke und dem Heere zu einer Schutzheiligen. Das Beispiel der in den Kämpfen gegen Napoleon gefallenen Helden feuerte zur Nacheiferung an. In Theodor Körners Aufruf hieß es:

„Luise, schwebe segnend um den Gatten,
Geist unsres Ferdinand, voran dem Zug!
Und all' ihr deutschen freien Heldenschatten,
Mit uns, mit uns und unsrer Fahne Flug!"

Ernst Moritz Arndt ließ sein Lied vom Eisen erklingen:

„Der Gott, der Eisen wachsen ließ,
Der wollte keine Knechte"

Gott segnete die Eisenwaffen der deutschen Kämpfer, der Helden von Stahl und Eisen, die in herrlichen Schlachten den bisher für unbesiegbar gehaltenen Unterdrücker schlugen und vor sich her trieben. Mit eisernen Besen kehrte Held Blücher, der greise Marschall Vorwärts, die letzten Welschen von dem vaterländischen Boden hinweg. Und einmütig, wie man es seit Jahrhunderten nicht mehr gesehen, zogen Alldeutschlands Söhne „zum Rhein, übern Rhein", dem fliehenden Feinde nach, um ihn im eigenen Lande vor sich herzujagen und siegreich in seine stolze Hauptstadt Paris, wie Gleiches bisher noch nie geschehen, einzuziehen!

Die Macht des Feindes war gebrochen; der stolze Friedensstörer, der so unermeßlich viel Unheil auf Erden angerichtet, Napoleon Bonaparte, ward der Kaiserwürde, die er sich angemaßt, entkleidet und auf die Insel Elba in die Verbannung geschickt.

Die sieggekrönten Kriegsheere kehrten in die Heimat zurück; das deutsche Volk empfing seine Helden mit höchsten Ehren, Freudentränen in den Augen, die Herzen von beseligenden Hoffnungen geschwellt, von dem Verlangen erfüllt, daß der glücklich beendete Krieg als Frucht nun dem Vaterlande eine segensreiche, glückliche Zukunft, allen seinen Söhnen Rechte und Freiheit in dem Maße der dargebrachten Opfer bringen, vor allem aber, daß das in Trümmer gesunkene Reich wieder herrlich und mächtig erstehen möge, wie es einst zu Kaiser Rotbarts Zeiten gewesen war. Jubelnd sang der Dichter Max von Schenkendorf, aus dem Freiheitskampfe mit heimziehend:

„Wie mir deine Freuden winken
Nach der Knechtschaft, nach dein Streit!
Vaterland, ich muß Versinken
Hier in deiner Herrlichkeit! –
Vaterland, in tausend Jahren
Kam dir solch ein Frühling kaum.
Was die hohen Väter waren,
Heißet nimmermehr ein Traum"

Wohlbegründet waren diese Hoffnungen und Wünsche unseres Volkes. Das verlockende Bild eines nach siegreichem Kampfe wiedererrichteten, festgeeinten, starken Reiches vor Augen, waren die streitbaren Männer zu den Waffen geeilt; die Auferstehung eines verjüngten, lebenskräftigen, in Einheit gehaltenen Volkes auf dem befreiten heimatlichen Boden war in einem feierlichen Erlasse des preußischen Königs verheißen worden. Und „das ganze Deutschland soll es sein – so weit die deutsche Zunge klingt", hatte der Dichter gemahnt, gefordert. Nun war die Zeit da, welche die Erfüllung dieser Verheißung und Hoffnung bringen sollte.

Doch es kam ein Reif über Nacht, der die Blüten des erträumten Völkerglückes wie mit einem Schlage vernichtete. Hatte schon der Abschluß des Friedens zu Paris, in dem die verbündeten Mächte Frankreich so milde behandelten, daß es weder die früher geraubten deutschen Länder Elsaß-Lothringen, noch die in dem jüngsten Kriege gestohlenen Kunstschätze wieder herauszugeben gezwungen ward, bei den deutschen Vaterlandsfreunden ernste Bedenken erregt; die nun folgenden Verhandlungen der Fürsten und Staatsmänner, die in Wien im Jahre 1815 zur Regelung der europäischen Staatsverhältnisse zusammentraten, erschienen bald geradezu als ein Hohn auf den Ernst der Zeit, auf die unerhörten Opfer, welche das Volk im schweren Befreiungskampfe gebracht hatte, und seine berechtigten Wünsche. Und leider war es ein deutscher Staatsmann, Fürst Metternich, dessen volksfeindlicher, listiger Politik es gelang, die Verhandlungen auf dem Wiener Kongresse in jene verderblichen Bahnen zu lenken.

Während die leitenden Staatsmänner Preußens das richtige Streben beseelte, dem allgemeinen Verlangen des Volkes nach einem einigen Vaterland mit freiheitlicher Verfassung Rechnung zu tragen und schon während des Krieges sich eifrig bemühten, den Entwurf einer zweckmäßigen Staatsform für das wieder aufzurichtende deutsche Reich festzustellen, waren die maßgebenden Leiter des österreichischen Staates nur darauf bedacht, die Dinge zum möglichst großen Vorteile für die habsburgische Hausmacht zu wenden; den Wünschen des deutschen Volkes standen sie kühl, ja feindlich gegenüber. Schon im Sommer 1813 hatte der Kaiser Franz erklärt: „Einem Deutschen Kaiser werde ich mich nicht unterwerfen, und zum neuen Kaiser bin ich nicht geschaffen" Hiermit war seinem leitenden Staatsmanne, dem Fürsten von Metternich, der Fingerzeig für die von Österreich einzuschlagende Politik gegeben. Der Schwerpunkt des aus allen möglichen Völkerschaften zusammengesetzten österreichischen Staates hatte schon lange vor der freiwilligen Niederlegung der deutschen Kaiserwürde außerhalb der Grenzen Deutschlands gelegen. In seinem Interesse lag daher weniger die Wiedererrichtung eines in fester Einheit gehaltenen deutschen Bundesstaates als vielmehr die Herstellung eines lockeren Bandes unabhängiger Staaten, der seinem Einflusse größeren Spielraum versprach. Dieses Ziel verfolgte Metternich in den Verhandlungen des Wiener Kongresses mit allen Mitteln diplomatischer Kunst, welche, zumal in jenen Zeiten, nicht immer die lautersten waren. Hieraus ergab sich wie von selbst die feindliche Haltung Österreichs gegen Preußen, das den Gedanken einer innigen Verschmelzung der deutschen Staaten, wie das Volk sie wünschte, vertrat. Preußen hatte zudem in dem Freiheitskampfe so glänzende Waffentaten vollbracht, daß sein Ruhm den aller Verbündeten überstrahlte. Es war im Laufe der Zeit, seiner kraftvollen Entwicklung gemäß, in dem Grade in das übrige deutsche Gebiet hineingewachsen, wie Österreich aus demselben herausgewachsen war. Die Sympathien großer Kreise des deutschen Volkes neigten sich diesem Staate, der so entschiedene Schritte zu freiheitlicher Entfaltung noch eben in letzterer Zeit gemacht hatte, in hohem Maße zu. Dadurch wurde die alte Eifersucht Österreichs auf das mächtig emporstrebende Hohenzollernreich im deutschen Norden von neuem heftig entflammt und die Furcht erweckt, es möchte diesem über kurz oder lang die Führerrolle in Deutschland zufallen. Die Herstellung einer freien, einheitlichen Reichsverfassung zu verhüten, Preußens Macht und Einfluß niederzuhalten, darauf richtete Metternich seine Wirksamkeit, und siehe, seine meisterhafte Staatskunst sollte den Sieg davontragen. Wurden doch von Rußland und England, denen ein uneiniges und schwaches Deutschland im eigenen Interesse nur erwünscht sein konnte, die österreichischen Pläne unterstützt. Die Vorschläge zur Regelung der deutschen Angelegenheiten, mit denen Metternich alsbald hervortrat, mußten geradezu als ein Angriff auf Preußen erscheinen. Während Frankreich die Unverletzlichkeit seiner Grenzen von 1792 zugesichert erhielt, während Österreich durch abermalige Entäußerung deutschen Gebietes, der Niederlande und Vorderösterreichs, und durch Erwerbung Venedigs und Salzburgs auf das vorteilhafteste in seinen Grenzen abgerundet wurde und die kleineren deutschen Fürsten, ob sie sich durch ihr Hinneigen zu Napoleon auch noch so schnöde gegen das deutsche Volk versündigt hatten, mit möglichster Machtfülle ausgerüstet werden sollten, ward Preußen zugemutet, seinen ihm während des

Krieges von seiten seiner Verbündeten verbürgten Anspruch auf Herstellung eines zusammenhängenden Gebietes aufzugeben. Das preußische Reich sollte, durch Hannover und Hessen in zwei Hauptmassen getrennt, die denkbar ungünstigsten Grenzen, eine Verteidigungslinie von Memel bis Saarbrücken·und also außer Russland und Österreich mit wohlberechneter Absicht auch Frankreich zum Nachbarn erhalten. Unerhört war es, daß den Staatsvertretern Frankreichs auch in den Beratungen über diese rein deutschen Angelegenheiten Sitz und Stimme eingeräumt ward. Wie sehr sich auch die Preußens Sache amtlich vertretenden Staatsmänner, Fürst Hardenberg und Wilhelm von Humboldt, gegen die Verwirklichung dieser Pläne sträubten, ihr Kampf, nicht mit den Waffen geführt, wie sie unter den gegebenen Verhältnissen notwendig gewesen wären, hatte wenig Erfolg. Der markvolle Freiherr vom und zum Stein, der vielleicht die Kraft und die Festigkeit besessen hätte, dem Metternichschen Ränkespiel siegreich entgegenzutreten, war in amtlicher Stellung nicht an den Verhandlungen beteiligt, ebensowenig einer der alten eisenfesten Freiheitshelden wie York, Blücher, Gneisenau, die man in schlauer Absicht fern zu halten gewußt hatte. „Es ist jetzt die Zeit der Kleinheit," schrieb Stein damals von Wien aus, „der mittelmäßigen Menschen. Alles kommt wieder hervor und nimmt seine Stelle ein, und diejenigen, welche alles aufs Spiel gesetzt haben, werden vergessen und vernachlässigt."

Bei der Kunde von den bösen Anschlägen gegen Preußen erhob sich ein Schrei der Entrüstung aus den Scharen der treuen Bewohner dieses Landes; die Schwerter der tapferen Freiheitskämpfer klirrten in den Scheiden. Auf einen Wink des Königs hätte das Volk sich zur Abwehr solchen Unrechts abermals freudig zum Kampfe erhoben. Wohl mochte auch Friedrich Wilhelm, trotz seiner großen Friedensliebe, damals solchen Schritt ernstlich bei sich erwogen haben. Aber er mußte bald sehen, daß ihm seine Gegner bereits zuvorgekommen waren; Österreich, England und Frankreich hatten zur Durchführung ihrer Absichten ein geheimes Bündnis geschlossen und jeder der genannten Staaten sich verpflichtet, im gegebenen Falle ein Kriegsheer von 150 000 Mann unter Waffen zu stellen. Wer weiß aber, ob es trotzdem nicht geschehen wäre, daß die verbündeten Mächte der Welt das Schauspiel eines Krieges unter sich gegeben hätten, wenn nicht plötzlich ein ganz unerwartetes Ereignis eingetreten wäre, welches dem Lauf der Dinge eine gänzlich andere Wendung gab.

Napoleon, der von den Vorgängen des Wiener Kongresses Kunde erhalten hatte, gelang es, seinem Gefängnis auf Elba zu entkommen und in Frankreich zu landen. Auf einen Aufruf an seine einstmaligen Krieger strömten ihm seine Getreuen in Scharen zu, bereit, das Glück der Schlachten noch einmal mit ihm zu versuchen. Auch das wetterwendische Volk der Franzosen begann dem entthronten Kaiser, der Frankreich so unermeßlichen Ruhm gewonnen, nun nach seiner Rückkehr von neuem zuzujubeln, umsomehr, als man mit dem neuen Könige Ludwig XVIII., aus dem Hause Bourbon, wenig zufrieden war.

Zwar hieß es in einem Manifest, welches der zurückkehrende, von neuem zum Kaiser erhobene Ruhestörer an die Mächte Europas richtete, das Kaiserreich werde von nun an der Friede sein. Dennoch traute man diesen Worten des friedenverkündenden Fuchses nicht. Nur insofern entsprachen seine Worte der Wahrheit, als unter den Streitenden des Wiener Kongresses plötzlich „all' Fehd' ein Ende hatte". Einmütig beschlossen die versammelten Fürsten, Napoleon mit vereinten Heeresmächten entgegenzuziehen. Wiederum war es Preußen, welches, trotz der ihm seitens seiner Bundesgenossen widerfahrenen Behandlung, auch für diesen zweiten Kampf, den ein strenger Friedensschluß nach dem ersten unnötig gemacht haben würde, in heller Begeisterung aufloderte, durch seine Schlagfertigkeit allen zuvorkam und durch die Tapferkeit seines Heeres den Sieg entschied. Während sich die Heere Österreichs und Rußlands langsam in Bewegung setzten, zog Fürst Blücher von Wahlstadt mit seinen Scharen eilends dem Feinde entgegen, den er in Belgien traf, wo er vereint mit Wellington, der ein Heer der Engländer führte, in der ruhmreichen Schlacht von Waterloo am 18. Juni 1815 Napoleon eine Niederlage bereitete, von der derselbe sich nicht wieder erholen konnte.

Abermals beseelte das deutsche Volk freudige Hoffnung. Vielleicht daß nun nach dein zweiten Freiheitskampfe seine Wünsche in Erfüllung gehen würden! Der alte Blücher gab diesen Erwartungen in seiner Weise beredten Ausdruck, indem er bei festlicher Gelegenheit den Trinkspruch ausbrachte, „daß diesmal die Federn nicht wieder verderben möchten, was das Schwert gewonnen habe".

Doch vergebens! Das Heldendrama des zweiten Freiheitskrieges fand in einem neuen schnöden Ränkespiel seinen Abschluß. Es folgte ein zweiter Einzug in Paris, eine abermalige Absetzung Napoleons und seine Verbannung nach der öden Felseninsel St.-Helena, dann der Abschluß des zweiten Pariser Friedens, der sich von dem ersten wenig unterschied, hierauf eine Fortsetzung; des Wiener Kongresses und endlich – die Durchführung der Pläne der Gegner Preußens. Statt zu der verheißenen Wiederaufrichtung des „ehrwürdigen Reiches" und „der Wiedergeburt eines festgeeinten Deutschlands" kam es unter den 39 Mächten Deutschlands zu einem"Deutschen Bund", in dem das Kaisertum Österreich die Oberherrschaft führen sollte. Preußen erhielt zu gunsten der kleineren Mittelstaaten die obenbezeichnete Gestaltung seines Gebietes; der vor dem Kriege verheißenen Rechte und Freiheiten ward kaum noch gedacht. Die opfermutigen Völker gingen leer aus.

Durch diesen unglückseligen Abschluß der Verhandlungen ward eine Saat ausgestreut, die alsbald üppig ausschoß, um unheilvolle Früchte zu tragen, welche das deutsche Staatenleben vergifteten auf mehr denn fünfzig Jahre hinaus.

„Mit Leide ward's geendet,
Wie stets zum allerletzten Liebe in Leid sich wendet"

Tiefes Weh durchdrang bei der Kunde dessen, was geschehen, die Herzen des treuen Preußenvolkes; bittere Enttäuschung empfunden viele seiner deutschen Brüder, und selbst die Untertanen des Kaisers von Österreich vermochten sich der nun gekommenen, so lange heißersehnten Friedenszeit nicht recht zu freuen. Der Dichter sang:

„Glaubt ihr, der Friede werd' euch
Für des Hauses Freude bürgen?
Wohl, vernichten konnt der Krieg uns;

Solch ein Friede wird uns würgen!"

Und wer trug die Schuld an diesem unheilvollen Werk? Das Tun und Treiben böswilliger, verschlagener Diplomaten, deren Arglist verdarb, was Deutschlands heldenmütiges Schwert gewonnen. Ihre Künste verstrickten das Vaterland in ein Netz unglücklichster Zustände, wodurch es in seiner Kraft gelähmt und uneins und ohnmächtig zum Spotte seiner Feinde wurde. O daß in Deutschland ein Mann der Staatsweisheit gewesen wäre, der, den Helden des Schwertes gleich, es vermocht hätte, jenes ränkevolle Gewebe schnöder Staatskunst mit dem Flamberg seines Geistes zu durchhauen, damit der umstrickte Löwe der Volksfreiheit sich in seiner ganzen Macht und Größe erhebe! Also mochte damals manches deutsche Herz in banger Sorge um die Zukunft des Vaterlandes geseufzt und geklagt haben.

Gleiches empfand wohl auch das von Vaterlandsliebe beseelte Elternpaar eines Knäbleins, das in jenen Tagen im alten Rittersitze Schönhausen in der Altmark das Licht der Welt erblickte und dessen Geburt durch eine seltsame Anzeige in der Berliner Haude-Spenerschen Zeitung vom 11. April 1815 weiteren Kreisen verkündet wurde:

„Die gestern erfolgte Entbindung meiner Frau von einem gesunden Sohne verfehle ich nicht, allen Verwandten und Freunden unter Verbittung des Glückwunsches bekannt zu machen.

Schönhausen den 2. April 1815. Ferdinand von Bismarck."

Es klingt wie ein Ausruf tiefer Erbitterung, wenn der altmärkische Edelmann unter der allgemeinen Trauer seines Volkes die Beglückwünschung zu einem so freudigen Ereignisse, wie die Geburt eines Sohnes ist, sich verbat. Und die Mutter des neugeborenen Knaben, die als Tochter eines ehemals bedeutenden Staatsmannes in Berlin unter den Augen der Königin Luise erwachsen war, fühlte wohl den Schmerz um die Sache des Vaterlandes nicht minder tief. Töne der Trauer mochten sich oft in die Wiegenlieder mischen, womit sie ihren Knaben in Schlummer sang, während ihrem Herzen ein Wunsch entkeimte, dem sie später Ausdruck verlieh in den Worten: „Mein Otto soll einmal ein Staatsmann werden!"

Herrlich ist der Wunsch der patriotischen Frau in Erfüllung gegangen. Ein Staatsmann ist ihr Sohn geworden, wie ihn größer die Welt niemals gesehen hat. War Otto von Bismarck es doch, der, zum Manne erwachsen, zumeist mit dazu beigetragen hat, daß die Schäden, welche um die Zeit seiner Geburt dem Vaterlande erwuchsen, geheilt, daß die Sehnsuchtsträume unseres Volkes nach einem einigen, starken Deutschland endlich erfüllt worden sind. Einem Siegfried gleich hat er, gefeit gegen alle Anschläge seiner Feinde, den Drachen deutscher Zwietracht getötet und das Rheingold der alten Kaiserherrlichkeit wieder ans Licht gebracht, daß es im hellsten Glanze erstrahlt.

Daß ihr, treuliebende Eltern, sie noch hättet erleben können, jene neue große Zeit, an siegreichen Kämpfen jener gleich, die einst unter dem Zeichen des Eisenkreuzes stand! Seht neben dem hohen Heerkönige und den gewaltigen Helden der Waffen und der Schlachten steht der unüberwindliche Kämpe des Geistes, vermöge seiner Staatsweisheit die Frucht zu ernten, welche die Sichel des Schwertes geschnitten! Das deutsche Volk preist diesen großen Staatsmann und Mitbegründer des neuen Deutschen Reiches auch als euren Sohn: Fürsten Otto von Bismarck.

II. Heimat und Vaterhaus

„Schönhausen, altes Elbdeichgut,
Du gabst den Bismarcks neues Blut
Und frischen Mut zum Streben
Und Kämpfen, das heißt Leben."
Hermann Hoffmeister.

Charakteristisch für das Leben Otto von Bismarcks wie die Zeit, aus welcher er hervorgegangen, ist auch das Stück Erde, auf dem einst seine Wiege gestanden hat.

Der ländliche Herrensitz Schönhausen, wo das Geschlecht der Bismarcks seit der Mitte des sechzehnten Jahrhunderts heimisch ist, und wo am 1. April 1815 unser Held geboren wurde, liegt in der Altmark, dem Stamm- und Kernlande des preußischen Staates, am rechten Ufer der Elbe, innerhalb des Winkels, den dieser Strom mit seinem größten Nebenflusse, der Havel, bildet. In der Ebene, mit landschaftlichen Reizen spärlich bedacht, aber von der Berlin-Lehrter Eisenbahn durchzogen, breitet sich dort das Bismarcksche Gebiet weithin aus. Karger Boden, hin und wieder von Streifen düsteren Kieferngehölzes bedeckt, von den beiden genannten Wasserläufen und sumpfigen Niederungen unterbrochen, gibt der Landschaft ihren Charakter. Doch lebt daselbst ein Menschenschlag, der, stark, zähe und knorrig wie die Kiefern der Waldheide, dem mageren Boden dennoch alle Zeit gute Erträge abzunötigen gewußt, und auch in den Kämpfen um die Entwicklung der Macht und Größe des brandenburgisch-preußischen Staates stets fest und kühn mit in der ersten Reihe gestanden hat.

Seit mehr denn achthundert Jahren ist der Strom des geschichtlichen Lebens unseres deutschen Volkes über dieses Gebiet dahingerauscht.

Hier gründete König Heinrich I. die Nordmark als feste Vormauer zum Schutze gegen das andringende Slaventum. In zäher Gegenwehr haben hier die tapferen Markgrafen rühmlich ihren Platz behauptet. Auf diesem Boden faßte der Zollernaar zuerst festen Fuß; und hier an den Ufern der Havel und des Rhins erhob er seine Schwingen zum ersten großen Siegesfluge am Tage der Schlacht von Fehrbellin.

Unter den Familien des urkräftigen, treuen Märkerstammes ist das Geschlecht der Bismarcks eins der ältesten und tüchtigsten. Der Ursprung desselben ist in dem alten Burgsitz Bismarck, das heißt Bischofsmark (Biskopesmark), einem alten Schloß und einer kleinen Stadt in der Nähe von Stendal, zu suchen. Hier lebte um das Jahr 1270 der älteste urkundlich nachweisbare Ahne der Familie, Herbord (Heribert, Herbert) von Bismarck. Schon früh siedelten die Bismarcks nach Stendal über, wo sie unter den Geschlechtern des Bürgeradels sich bald vorteilhaft hervortaten und im Regiment jener würdigen alten Hansastadt zu ehrenvollen und einflußreichen Stellen gelangten. Um die Mitte des vierzehnten Jahrhunderts erhielt ein Klaus von Bismarck für seine Verdienste in öffentlichen Angelegenheiten vom Markgrafen Ludwig dem Älteren das Schloß Burgstall, nahe bei Letzlingen gelegen, als erbliches Lehen übertragen. Seitdem gehörten die Bismarcks zu den „schloßgesessenen" Familien der Mark und gewannen dadurch eine unter dem „ritterbürtigen" Adel des Landes bevorzugte Stellung.

Im Jahre 1562 überließen dieses Schloß die damaligen Besitzer, Jobst und Georg von Bismarck, welche dasselbe bis dahin in brüderlicher Eintracht bewohnt hatten, dem brandenburgischen Kurprinzen Johann Georg, Verweser des Bischofssprengels Havelberg, welcher Burgstall seiner Nachbarschaft mit dem Jagdschlosse Letzlingen und der vortrefflichen Jagdgründe wegen gern haben wollte, und tauschten dafür das Amt und Dorf Schönhausen nebst dem früheren Tempelherrnhause und einigen anderen Besitzungen ein, wiewohl sie sich von dem Erbe ihrer Väter schwer trennen mochten.

Hier auf Schönhausen, wohin nun die Bismarcks übersiedelten, entwickelte sich das Geschlecht, an allen bedeutenden Vorgängen im vaterländischen Leben rühmlich beteiligt, kräftig weiter, bis zu Anfang dieses Jahrhunderts, aus dem alten Stamme der junge Sproß, unser

Otto von Bismarck, erwuchs, welcher denselben zu einer ungeahnten Blüte bringen sollte.

Es war im Hochsommer des Jahres 1806. Die alten Linden von Schönhausen begannen eben ihre dufterfüllten Kelche zu erschließen, als der damalige Gutsherr seine junge, ihm am 7. Juli in der Residenz angetraute Gattin in das Schloß seiner Väter heimführte. Ein gar stattliches Paar war es, welches von den Bewohnern des alten Rittersitzes mit hellem Jubel empfangen wurde: die Eltern unseres Helden.

Herr Ferdinand von Bismarck, dem von seinen im Heere dienenden Brüdern das Erbgut Schönhausen überlassen worden war, stand damals im 25. Lebensjahre. Auch er hatte bereits längere Zeit im Heere gedient. Als Knabe schon in das berühmte Rathenower Leibkarabinier-Regiment eingetreten, hatte er sich allen Zweigen des Dienstes und der strengen militärischen Zucht mit Eifer und Neigung hingegeben, er war z. B., wie er später gern erwähnte, jeden Morgen um Schlag vier Uhr zur Stelle gewesen, um den Karabiniers ihren Hafer zumessen zu lassen. In dem Feldzuge gegen Frankreich im Jahre 1792-93 war er dem preußischen Oberstkommandierenden, Herzog von Braunschweig, als Ordonnanzoffizier unterstellt gewesen und hatte sich als solcher durch Mut und Entschlossenheit namentlich in der Schlacht bei Kaiserslautern ehrenvoll bewährt. Nach Abschluß des unrühmlichen Baseler Friedens aber, der Preußen seine Besitzungen am linken Ufer des Rheines kostete und ihm seine unter Friedrich dem Großen errungene, machtgebietende Stellung unter den Völkern nahm, vermochte der junge Ferdinand von Bismarck kein Wohlgefallen am Soldatenleben mehr zu finden. Als das Regiment aus dem Kriege heimkehrte, erbot er bald darauf seinen Abschied, der ihm mit der Rangstellung eines Rittmeisters gewährt wurde. Der Gutsherr von Schönhausen und Rittmeister a. D. war von hoher, kraftvoller Gestalt. In dem edelgeformten Gesichte herrschte ein Zug heiteren Lebensmutes, jenes frischen Humors, dessen Quellen Gemütstiefe, Güte und Milde des Herzens sind. Da seine Erziehung eine vorzugsweise militärische gewesen, so fehlte ihm zwar eine höhere wissenschaftliche Bildung, doch ersetzten die Gewandtheit seines Geistes und die Ritterlichkeit seines Wesens diesen

Mangel. In den besseren Gesellschuftskreisen von Berlin, in welchen der Gutsherr von Schönhausen, Ferdinand von Bismarck, alljährlich während einiger Wintermonate zu leben pflegte, genoß derselbe hohe Achtung, und seine oben bezeichneten Eigenschaften machten ihn zu einer allgemein beliebten Persönlichkeit.

In Berlin hatte Ferdinand von Bismarck seine Gattin kennen gelernt und das Herz der vielumworbenen jungen Schönheit gewonnen. Die von der Vorsehung zur Mutter unseres Helden Auserkorene hieß Luise Wilhelmine und war die jüngste Tochter des verstorbenen Königlichen Kabinettsrats Menken. Von der Natur mit reichsten Gaben ausgestattet, sowohl körperlich als geistig, besaß Wilhelmine Menken, die im Hause ihres Vaters eine äußerst sorgfältige Erziehung genossen, hervorragende Bildung. Ihr scharfer Verstand und ihre ausgezeichneten Kenntnisse verliehen ihr ein gewisses Selbstbewußtsein, das sich auch in ihren geistvollen Zügen aussprach. So zeigte sie sich, zur Jungfrau erblüht, als schöne, stolze Erscheinung, und in ihrem ganzen Wesen machte sich der Einfluß ihres hochgelehrten, feinsinnigen Vaters in erster Linie geltend.

Der Kabinettsrat Anastasius Ludwig Menken, der unserm Otto von Bismarck als seinem Enkel einen bedeutenden Anteil seiner genialen Anlagen zum geistigen Erbteil übermacht hat, stammte aus einer berühmten Leipziger Gelehrtenfamilie. Vier Mitglieder der Familie Menken hatten sich als namhafte Gelehrte bereits zu hohen Stellungen emporgearbeitet; Ludwig Menken war im preußischen Staatsdienst durch seine Verdienste zu großem Einfluß und Ansehen gelangt. Schon Friedrich der Große betraute ihn mit wichtigen Staatsgeschäften und zeichnete ihn durch königliche Gunst aus.

Unter dem unheilvollen Einfluß des aufklärungsfeindlichen, frömmelnden Ministers Wöllmer zur Zeit der Mißregierung Friedrich Wilhelms II. wurde der ehrliche, lichtfreundliche Menken zurückgedrängt; doch fand er an dein Kronprinzen einen Gönner und Beschützer, der, kaum auf den Thron gelangt, ihm eine seinen Kenntnissen und Fähigkeiten angemessene Stellung verlieh, indem er ihn zum Kabinettsrat ermannte. Menken war der Verfasser des ersten Erlasses, welchen der

König Friedrich Wilhelm III. bei seinem Regierungsantritt an sein Volk richtete und der einen so außerordentlich wohltuenden Eindruck hervorbrachte. Bald genoß der Kabinettsrat das unumschränkte Vertrauen seines königlichen Herrn, und die Wirksamkeit des edlen, freiheitlich gesinnten Mannes wurde für die Entwicklung Preußens von segensreichstem Einflusse. Er bestärkte den König in seinem Entschlusse, mit der pietistischen, heuchelnden Richtung Wöllmers zu brechen und eine offene und ehrliche Religionsanschauung zur Geltung zu bringen. In einer Verfügung vom 11 Januar 1798, welche wiederum den Kabinettsrat Menken zum Verfasser hatte, sprach der König seine religiösen Grundsätze öffentlich also aus: „Ich selber verehre die Religion, folge ihren beglückenden Vorschriften und möchte um vieles nicht über ein Volk herrschen, welches keine Religion hat; aber ich weiß auch, daß sie Sache des Herzens, des Gefühls und der eigenen Überzeugung sein und bleiben muß und nicht durch methodischen Zwang zu einem gedankenlosen Plapperwerk herabgewürdigt werden darf, wenn sie Tugend und Rechtschaffenheit fördern soll. Vernunft und Philosophie müssen ihre unzertrennlichen Gefährten sein; dann wird sie durch sich selbst bestehen, ohne die Autorität derer zu bedürfen, die es sich anmaßen wollen, ihre Lehrsätze künftigen Jahrhunderten aufzudringen und den Nachkommen vorzuschreiben, wie sie zu jeder Zeit und in allen Verhältnissen über Gegenstände, die den wichtigsten Einfluß auf ihre Wohlfahrt haben, denken sollen."

Wenn nach dieser Verfügung der verrufene Minister Wöllmer alsbald seine Entlassung nahm, so ist dies der Einwirkung Menkens zuzuschreiben. Sein segensreicher Einfluß blieb auch ferner bestehen und reichte bis in die Zeit der grundlegenden Stein-Hardenbergschen Schöpfungen zu Preußens Wiedergeburt. Äußern sich Stein doch in höchst anerkennender Weise also über den vortrefflichen Staatsmann: „Der Kabinettrat Menken war der einzige in der Umgebung des jungen Königs, welcher diesen wirklich liebte, und welchem dessen Größe und Bildung am Herzen lag, ein liberal denkender, gebildeter, feinfühlender und wohlwollender Mann von den edelsten Gesinnungen und Absichten, der das Wohl seines Vaterlandes wünschte und durch Anwendung liberaler und menschenfreundlicher Grundsätze fördern wollte" Der wohlgesinnte König wollte den edlen Menken in den Adelstand erheben; doch lehnte derselbe, stolz darauf, als Bürgerlicher zu so bedeutender Stellung gelangt zu sein, die Gnadenerweisung seines Fürsten ab. Leider zwang den vortrefflichen Mann sein durch übermäßige Anstrengung angegriffener Gesundheitszustand frühzeitig seine Entlassung aus dem Staatsdienste zu nehmen. Er zog sich nach Potsdam zurück, wo er ein Haus und einen prächtigen Garten besaß. Dieser Garten, welchen der Kabinettsrat selbst angelegt hatte und sorgfältigst pflegte, war wegen seiner schönen Laubgänge und Blumenbeete, seiner rauschenden Springquellen und Kaskaden weithin berühmt und ein von Fremden und Einheimischen gern besuchter Ort. Auch die königlichen Kinder, der Kronprinz Friedrich Wilhelm und sein Bruder Prinz Wilhelm, pflegten unter Leitung ihres Erziehers Delbrück den Menkenschen Garten oftmals zu besuchen und sich an dem Blumenschmuck und den Springbrunnen zu ergötzen. Wie tiefen Eindruck der Aufenthalt hier in den prinzlichen Knaben hinterlassen hat, geht daraus hervor, daß der spätere König Friedrich Wilhelm IV. einmal äußerte, seine Lust an springenden ‚Gewässern stamme aus jenen Tagen seiner Kindheit. Und sein Bruder, der König und Kaiser Wilhelm l., mag sich später beim Anblick seines treuen großen Staatsmannes wohl auch oft der Stunden erinnert haben, die er im Garten des Großvaters desselben verlebt hat. Menken starb 1801 im besten Mannesalter, bald nach seinem Abschiede aus dem Staatsdienst.

Das Schloss Schönhausen, in welches Ferdinand von Bismarck die Tochter jenes angesehenen Staatsmannes als Gattin heimführte, war außen wie innen von großer Einfachheit. Es erschien als schwerfälliger, viereckiger Bau mit einem Erdgeschoss und zwei Stockwerken und hatte weder Vortreppe noch Söller. Als Stammsitz eines alten Adelsgeschlechtes kennzeichneten ihn jedoch die Wappenschilder über dem Haupteingange; es waren die Wahrzeichen der Familie Bismarck und der Familie Katte, welcher letzteren die Gattin des Erbauers des Schlosses entstammte. Die Lindenbäume, welche mit ihren gewaltigen Laubkronen das Herrenhaus beschatteten, gaben demselben den Charakter des Altehrwürdigen. Die zahlreichen Zimmer des Schlosses hatte der junge Gutsherr aufs beste nach damaligem Geschmack neu herrichten und ausstatten lassen; Decken, Fries und Kamine zierte reiche Stuckarbeit. Es fehlte nicht an großen Gesellschaftszimmern wie an kleineren wohnlichen Räumen; das neben dem Schlafgemach liegende Bibliothekszimmer war für die neue Schloßherrin mit Geistesschätzen besonders reich ausgestattet worden. Alle Räume waren verhältnismäßig niedrig: doch bot das schöne Gartenzimmer im Erdgeschoß einen reizenden Ausblick auf einen vom Fuße der Schloßterrasse an sich weithin ausbreitenden Park mit Kieswegen, malerischen Baumgruppen, Blumenbeeten, Rasenflächen und sonstigen Schönheiten. Das Schloß lag einsam und dem Leben der großen Welt ziemlich fern, und Herr von Bismarck konnte wohl eine gewisse Besorgnis, ob sich seine junge, erst sechzehn Jahre zählende Gattin hier auf die Dauer glücklich fühlen würde, nicht unterdrücken. War dieselbe doch in den glänzendsten Verhältnissen aufgewachsen und in den Salons der vornehmsten und auserlesensten Kreise Berlins und Potsdams von Glanz und Pracht umgeben gewesen, und die anregendste und reizvollste Geselligkeit war ihr in Fülle geboten worden. Zudem stand sie ja in voller Blüte des ersten Jugendlebens und der Jugendlust.

Doch sollte Herr von Bismarck bald zu seiner Freude erfahren, daß seine Besorgnis ungerechtfertigt gewesen sei. Die ersten Monate verstrichen dem jungen Paare unter mancherlei Lustbarkeiten, teils auf Schönhausen, wo das alte Schloß der Gäste gar viele sah, teils auf den Gütern der benachbarten Adelsfamilien, die da wetteiferten, die Ankunft der jungen Freifrau zu feiern, welcher man wegen ihrer Schönheit und ihrer hohen Geistesgaben die bürgerliche Herkunft gern nachsah, was in jener Zeit der strengsten Vorurteile in den adligen Kreisen allerdings viel sagen wollte. Aber auch als die Flitterwochen des jungen Ehelebens verrauscht waren und der Ernst des Lebens an das verwöhnte Kind der Großstadt herantrat, zeigten sich die Früchte einer wahrhaft guten Erziehung, welche dasselbe im Elternhause genossen hatte. Die junge Hausfrau erwies sich der hohen Aufgabe, welche ihr gestellt war, als durchaus würdig und gewachsen. Ihr heller Verstand fand sich bald in die neuen Verhältnisse, und sie waltete ihres Amtes als Hausfrau und Gutsherrin zur Freude und Zufriedenheit ihres Gemahls wie zum Wohle ihrer Untergebenen.

Auch in den Tagen schwerer Prüfung, die nur zu bald den Himmel dieses Eheglückes trübten, bewahrte sich Frau von Bismarck in ihrer ganzen Tüchtigkeit. Die unglücklichen geschichtlichen Vorgänge von 1806 und 1807 versetzten die Bewohner von Schönhausen nicht nur in tiefe Trauer, sondern brachten ihnen auch die unmittelbaren Schrecken des Krieges. Gleich den Botschaften an Hiob traf um die Mitte des Oktober 1806 Unheilkunde über Unheilkunde in der Altmark ein, um ihren Weg weiter durch das geängstigte Land zu nehmen.

Die Nachricht von Saalfeld, wo am 10. Oktober Louis Ferdinand, der mit hellem Blick das kommende Unheil Preußens vorausgeschaut, den Heldentod für das Vaterland gefunden hatte, mußte das junge herrschaftliche Paar auf Schönhausen besonders tief erschüttern, da es mit dem ritterlichen und geistvollen Prinzen in Berlin in vertraulichem Umgange gestanden hatte. Zwei Tage nach der verhängnisvollen Doppelschlacht von Jena und Auerstädt kehrte die Königin Luise auf ihrer Flucht in Tangermünde ein, um eine Nacht in dem dortigen Schlosse zu verweilen. Die treuen Altmärker beweinten mit ihr den Untergang des preußischen Kriegsheeres, dessen Trümmer in den nächsten Tagen vor den sie verfolgenden Siegern über die Elbe den östlichen Provinzen zu flohen.

Bald darauf erschienen die Feinde selbst. Marschall Soult schlug am 26. Oktober im fürstlichen Schlosse von Tangermünde, Schönhausen gegenüber auf dem linken Elbufer gelegen, sein Hauptquartier auf, während Streifbanden seines Heeres die Umgegend plündernd durchzogen. Auch Schönhausen blieb von der furchtbaren Heimsuchung dieser Horden nicht bewahrt. Wenn auch die Bewohner des Ortes im Dickicht des „Trüben", einem am Elbufer gelegenen Elfenbruche, eine Zufluchtsstätte fanden, wo sie Leib und Leben sicher zu bergen vermochten, so war doch ihr Eigentum den Feinden preisgegeben, die denn auch verheerend darin hausten.

Herr von Bismarck ward auf seiner Flucht von französischen Reitern ereilt, und nur mit größter Mühe und unter Aufbietung all seiner Überredungskunst gelang es ihm, seine junge Frau vor den Mißhandlungen jener rohen Gesellen zu schützen und das wertvolle Falben-Viergespann vor seinem Wagen in Sicherheit zu bringen. In seinem Schlosse trieben es andere Scharen unterdes um so toller. Alle Raume desselben wurden nach Wertgegenständen durchstöbert; und als man deren nur wenige fand, machten die Plünderer ihrer Wut darüber in der Weise Luft, daß sie das an einer Wand des Bibliothekzimmers hängende Bild des Stammbaums Bismarcks mit Säbelhieben und Bajonettstichen bearbeiteten und den in einem Winkel auf dem Boden des Gartenhäuschens versteckten Schullehrer des Ortes mutwillig ängstigten und ihn die blanken, vermeintlich silbernen Schnallen von den Schuhen schnitten, den Schäferei-Pächter Peter Schulze aber so arg mißhandelten, daß der Arme bald darauf an den erhaltenen Säbelhieben starb.

Eine angstvolle, schauerlich-kalte Nacht mußte der Gutsherr mit seiner jungen Gattin und seinen Untertanen in dem sumpfigem „Trüben" zubringen. Mußte man doch jeden Augenblick fürchten, das Dorf und den Gutshof in Flammen aufgehen zu sehen. Mit Zagen wagten sich die Flüchtlinge andern Tages in das von den Feinden verlassene Dorf zurück und sahen dort mit Tränen in den Augen die Greuel der Verwüstung. Manch heißer „Racheschwur mag da in den Herzen der Geschädigten aufgestiegen sein, auch das Blut des jungen Edelmannes beim Anblick seines- beschimpften Stammbaumes im grimmigen Zorn gewallt haben.

Ein Zeugnis von den Leiden der durch die Feinde geängstigten Bewohner Schönhausens ist aus jener Schreckenszeit erhalten geblieben. Der ehrwürdige Geistliche des Ortes, Pfarrer Petri, gab der allgemeinen Stimmung Ausdruck, als er damals in sein Tagebuch folgende Worte schrieb:

„Seit dem Dreißigjährigen Kriege hatte kein feindlicher Fuß den ruhigen Winkel zwischen der Elbe und Havel betreten. Gott erhalte uns unsere Wohnungen, unsere Scheunen und unser Vieh, sonst wird das Elend grenzenlos. O goldener Friede, glückliche Ruhe, die wir so lange genossen, wann kehret ihr wieder?" –

„Dann, wenn Preußens edle Krieger mit Gott für König und Vaterland in Paris einziehen werden" Dieser Trostspruch ward von befreundeter Hand jenem Ausruf hinzugefügt. Der Spruch ist zu einem Prophetenwort geworden, er bezeugt, daß es an gläubigen Herzen nicht fehlte, die den Mut in jener trüben Zeit nicht verloren und andere durch ihr festes Vertrauen auf eine glückliche Zukunft stärken und aufrichten halfen.

Als Ferdinand von Bismarck zurückkehrte und die in seinem Schlosse angerichteten Verwüstungen erblickte, begab er sich mit bangem Herzen nach dem Park zu dem kleinen Gartenhäuschen, unter dessen Schwelle er sein Barvermögen, lauter blanke Goldstücke, vergraben hatte. Wie erschrak er, als er sah, daß die Erde ringsum tief aufgewühlt war. Er glaubte im ersten Augenblick nicht anders, als sein Gut sei verloren. Doch wie erstaunte er, als ihm Goldstücke in der ausgeworfenen Erde entgegenblinkten. Frohen Herzens laß er dieselben auf, und siehe, es fehlte nicht eins. Unzweifelhaft hatten die Hunde, die Spur ihres Herrn suchend, den Erdboden aufgescharrt und dabei die Goldstücke herausgeworfen, glücklicherweise aber erst nach dem Besuche der Franzosen.

Den Bemühungen des Gutsherrn von Schönhausen gelang es, seine Schutzbefohlenen und sich vor der Wiederholung solcher Greuelscenen zu bewahren, indem er aus Verwendung bei dem französischen Oberbefehlshaber in Tangermünde eine Sicherheitswache für Schönhausen erhielt. Dennoch hielt er es nicht für unnötig, seiner Gattin für einige Zeit eine Zufluchtsstätte in Rathenow zu verschaffen.

Das Kriegsgetümmel verrauschte und wich endlich dem Frieden, jenem schmachvollen Frieden von Tilsit, dessen Abschluß und Wirkungen allen treuen Preußen das Herz bluten machten und der teuern Königin Luise das Herz brachen, aber auch den Antrieb gaben zu der großen Wiedergeburt Preußens, durch die allein die später folgende begeisterte Erhebung des Volkes zu dem herrlichen Befreiungskampfe ermöglicht wurde.

Alle diese Vorgänge sanden ihren lebhaften Widerhall in den Herzen der Bewohner von Schönhausen, die bei aller Trauer über das dem Vaterlande widerfahrene Unglück dennoch den Trost hatten, daß sie und ihr Gebiet trotz der vom übermütigen Franzosenkaiser in Deutschland vollzogenen Umwälzungen mit dem alten Stammlande vereinigt blieben. Lief doch die Grenze des von Napoleon zum Tummelplatz der Narrheiten seines Bruders Jerôme geschaffenen Königreich Westfalen hart an der Gemarkung der Felder von Schönhausen hin.

Auch noch andere Wolken als die des allgemeinen vaterländischen Unglücks trübten das stille Familienleben des jungen Paares auf Schönhausen. Die Freude, welche ihm durch die Geburt eines Knäbleins beschert wurde, währte nur kurze Zeit. Der kleine Alexander Friedrich Ferdinand von Bismarck starb schon in seinem dritten Lebensjahre um die Weihnachtszeit des Jahres 1809. Sein Grabhügelchen findet der Besucher des Schloßgartens von Schönhausen, von grünendem Gesträuch umgeben und mit einem Kreuze von Gußeisen geschmückt, noch heute. Die sinnige und zugleich rührende Inschrift erzählt von der Trauer, welche die Eltern bei dem Verluste ihres Erstgeborenen empfunden. Dieselbe lautet: „Er war die Freude und die Hoffnung seiner Eltern, die er nur durch seinen Tod betrübte." Auch an dem zweitgeborenen Kinde, einem Töchterchen namens Luise Johanna, mußte dass junge Paar auf Schönhausen nach wenigen Jahren den gleichen Schmerz erleben. Doch ward den Trauernden Ersatz gegeben. In den tränenreichen Tagen, da das deutsche Volk den Tod der Königin Luise beweinte, am 24. Juli 1810, schenkte Frau von Bismarck ihrem Gatten abermals einen Sohn, der am Leben blieb, wuchs und gedieh. Es war der ältere Bruder unseres Helden, Bernhard von Bismarck, nachmals Landrat im Kreise Naugard in Pommern, Königlicher Kammerherr und Geheimer Regierungsrat.

Als im Frühling des Jahres 1813 das Volk aufstand und der Sturm losbrach, begann für die Bewohner von Schönhausen ein neues, frisches Leben. Wie jeder wackere deutsche Mann voll Begeisterung zur Waffe griff, der schmachvollen Knechtschaft ein Ende machen zu helfen, stellten auch die Bismarcks ihre Kräfte in den Dienst des Vaterlandes. Den drei älteren Brüdern Ferdinand von Bismarcks war es vergönnt, aus den Ruf ihres Königs zur Fahne zu eilen, um freudig mit ins Feld zu ziehen.

Den Schloßherrn von Schönhausen zwangen die Verhältnisse daheim zu bleiben und die väterlichen Güter zu verwalten. Er sammelte aber die Männer des Landsturms aus der Altmark um sich und leitete deren Ausrüstung und Waffenübungen, und so fand auch er Gelegenheit, seinen patriotischen Eifer zu betätigen.

Keine unwürdige Aufgabe war es, welche ihm und seiner Schar zufiel. Galt es doch, die heimatlichen Fluren gegen die Wut der über die Elbe abziehenden Trümmer des Franzosenheeres wie vor den Ausschreitungen der diesem auf dem Fuße folgenden Kosaken-, Baschkiren und Kalmückenschwärme der verbündeten Rassen zu schützen. Und es widerfuhr diesen Männern des altmärkischen Landsturms die Ehre, mit der auserlesensten Schar des preußischen Heeres in enger Waffenbrüderschaft Seite an Seite zu stehen.

Lützows wilde verwegene Jagd kam im Mai des genannten Jahres nach Schönhausen, um dort und in den umliegenden Dörfern mit dem unter Bismarcks Führung stehenden Landsturm die Elbübergänge zu bewachen. Das alte ehrwürdige Gotteshaus von Schönhausen wurde zum Schauplatz einer erhebenden Feier. Täglich kamen neue Freiwillige, auch aus den noch von den Feinden besetzten Ländern jenseits der Elbe, um sich dem Lützowschen Freikorps anzuschließen, und eines Tages fand in der Kirche von Schönhausen die feierliche Einsegnung der Neueingetretenen statt.

Es war eine denkwürdige Stunde, welche zu ergreifender Handlung in dem schlichten Gotteshause eine seltsame Schar von Männern vereinigte, zusammengesetzt aus Deutschlands erster Jugendblüte und dem alten Stamm des treubewährten Märkergeschlechts, alle durchloht von derselben feurigen Begeisterung für die gemeinsame Sache, die Befreiung des Vaterlandes aus der Schmach der Fremdherrschaft. Dort sah man aus der Menge hervorragen das Haupt des wackeren Turnvaters Jahn, des biederen Sohnes der Altmark, neben dem Jünglingsantlitz des Sängers feuriger Freiheitslieder, des aus Österreichs Kaiserstadt herbeigeeilten Theodor Körner, hier den in Jugendschönheit prangenden Friedrich Friesen neben dem im ernsten Mannesalter stehenden Führer der schwarzen Schar, Major von Lützow. Wie mag manchem der graubärtigen Altmärker das Herz in der treuen Brust gar jugendfrisch gepocht haben, als nach der erhebenden Ansprache des Predigers Petri die jungen schwarzen Gesellen Lützows sich durch feierlichen Eidschwur dem Tode für die Freiheit des Vaterlandes weihten und unter Orgelklang und Glockengeläute der Choral in Körners markigen Worten aus dem Munde der Freiheitskämpfer erbrauste:

> „Wir treten hier im Gotteshaus
> Mit frommem Mut zusammen.
> Uns ruft die Pflicht zum Kampf hinaus,
> Und alle Herzen flammen.
> Denn was uns mahnt zu Sieg und Schlacht,
> Hat Gott ja selber angefacht.
> Dem Herrn allein die Ehre!"

Die heißen Sommertage folgten und mit ihnen die heißen Schlachten auf Schlesiens, Böhmeus und Sachsens Gefilden. In banger Spannung lauschte man in Schönhausen auf jede Kunde, die vom Kriegsschauplatze kam. Jubelnd vernahm man die Nachrichten von den ersten Siegen der verbündeten Heere, besonders aber von den ruhmreichen Taten des Bülowschen Korps bei Großgörschen und Großbeeren, wodurch Napoleons verwegener Anschlag, der die Mark und Preußens Hauptstadt bedrohte, vereitelt wurde. Die Botschaft von der siegreichen Völkerschlacht bei Leipzig entfachte auch an den Ufern der Elbe hellloderndre Freudenfeuer.

Ob auch jener Siegeskunde eine Trauernachricht auf dem Fuße folgte, die, daß der Bruder unseres Ferdinand von Bismarck, der Major Leopold von Bismarck, bei Möckern die Todeswunde erhalten habe und er derselben wenige Tage darauf in Halle erlegen sei, so vermochte der Schmerz darüber die Siegesfreude der begeisterten Vaterlandsfreunde auf Schönhausen wohl herabzustimmen, aber nicht ganz zu dämpfen. Mußte doch fast jede Familie im großen deutschen Vaterlande in jenen Tagen ihr Opfer für die große heilige Sache der Freiheit bringen, und war es doch gar lindernder Balsam für die wunden Herzen in der Heimat, wenn man fast täglich von neuen, schönen Waffenerfolgen der tapferen Kriegerheere hörte. Wie erhebend wirkte die Botschaft, daß das Vaterland endlich von den feindlichen Bedrückern befreit sei, daß man den Fliehenden nachzog über den Rhein, sie auf dem eigenen Grund und Boden vor sich hertreibe, der stolzen Hauptstadt Frankreichs zu!

Als das Kriegsgewitter ferner und ferner verhallte und die heimatlichen Fluren nicht mehr bedroht waren, da legte der Landsturm die Waffen aus der Hand und kehrte zu friedlicher Beschäftigung in die Hütten zurück. Auch Ferdinand von Bismarck konnte sich nun ganz wieder seinen häuslichen Pflichten widmen.

In dieser Zeit aber, da die Wogen des vaterländischen Lebens hoch aufschlugen, drängte es ihn und seine Gattin, welche den regsten Anteil an den großen Ereignissen der Zeit nahmen, fort von ihrem stillen Landsitze. Sie wünschten dem Mittelpunkte des großen Lebens nahe zu sein: deshalb siedelten sie zur Winterzeit, wenn es die Verhältnisse gestatteten, nach Berlin über. Hier ward ihr Haus bald zu einem Sammelpunkte bedeutender, einflußreicher Persönlichkeiten. Staatsbeamte, Gelehrte, Künstler, Adlige und Bürgerliche versammelten sich hier, und in diesem geselligen Kreise wurden nicht nur öffentliche Angelegenheiten besprochen, sondern man widmete der Sache des Vaterlandes reges Interesse durch Pflege der Verwundeten, durch Sammlung von Unterstützungen und Kundgebungen, worin man die Hoffnungen und Wünsche des Volkes zum Ausdruck brachte, wie letzteres namentlich im folgenden Winter, da der Kongreß in Wien tagte, vielfach geschah.

In diesem geselligen Kreise fühlte sich Frau Wilhelmine von Bismarck, die begeisterte Vaterlandsfreundin, ganz in ihrem Elemente. Sie war ihrer Schönheit und ihrer hohen Bildung wegen stets eine gefeierte Persönlichkeit. Waren in früheren Jahren die Abende in ihrem Hause mehr einer heiteren Geselligkeit gewidmet gewesen, wobei sie als Meisterin des Schachspiels und musikalische Künstlerin geglänzt hatte, so traten jetzt in der ernsten Kriegszeit Gespräche und Beratungen über die politischen Angelegenheiten in den Vordergrund. Mit Wohlgefallen erinnerte sie sich jener Zeit des interessanten geselligen Verkehrs im Hause ihres Vaters, wo die hervorragendsten Männer Berlins aus und eingegangen waren. In ihren politischen Anschauungen stand sie nach dem Vorbilde ihres Vaters ganz auf der Seite der liberalen Volksfreunde. – Ihr ganzes Fühlen und Denken war nach abgeschlossenem Frieden nur darauf gerichtet, wie in den Verhandlungen des Wiener Kongresses der Sache der Volksrechte und der freiheitlichen Staatsverfassung, welche die preußischen Staatsmänner erstrebten, Rechnung getragen werden würde.

Im Winter des Jahres 1815 zog sich das Bismarcksche Paar früher nach Schönhausen zurück, als es sonst zu geschehen pflegte. Es wurde ein frohes Familienereignis erwartet, vor dem zunächst das Interesse an den großen Dingen der Welt in den Hintergrund treten mußte. Am 1. April obengenannten Jahres trat das Erwartete ein. Um dieselbe Zeit, als Preußens Heer zum zweitenmal gegen Frankreich zog, um mit dem Schwerte die verhängnisvollen Folgen der damaligen schwachmütigen oder arglistigen deutschen Politik abzuwehren, gab Frau Wilhelmine von Bismarck ihrem dritten Sohne das Leben: welcher in der Taufe die Namen Otto Eduard Leopold erhielt.

Der kleine Weltbürger, dessen erster Lebensschrei an jenem 1. April 1815 zum Entzücken des Elternpaares in den Räumen des alten Rittersitzes Schönhausen erklang, wurde von der Vorsehung zu hohen Dingen auserkoren. Er ist der große Staatsmann Otto von Bismarck geworden, dessen überlegenen Weisheit und genialen Kraft es gelang, die Schuld vollkommen zu sühnen, welche zur Zeit seiner Geburt am deutschen Vaterlande begangen wurde. Zum schönen Ausdruck bringt diesen Gedanken der Dichter G. Schwetschke in seiner „Bismarckias", worin er singt:

„Deine Stimme, kleiner Junker,
Hörte damals nur Schönhausen;
Später hört sie Preußen, Deutschland,
Dem Posaunenschall vergleichbar

Hört sie die erstaunte Welt"

Folgen wir nun dem Entwicklungsgange dieses Helden!

III. Jung Bismarck

„He kenn den Bagel an den Slag,
Leep gern herum den ganzen Dag
Un flog ok dann und wann mal fach
En beten ut den Swengel.
So wuß he up, war grot und stark,
En jungen Gekboom in de Mark. –
Schafft mal för den en Riesenwark,
Sin Kraft daran to öben.
De 's at to grot für Vaders Got,
För den is kum de Welt to grot;
Wo is de Platz, um Kraft un Mot
Vun dissen Mann to pröben?" – –.
Klaus Groth

Die Kindheit ist die Knospe des Mannesalters genannt worden. Wer das Leben Otto von Bismarcks mit kundigem Auge überschaut, wird die Richtigkeit dieses Ausspruches von neuem bestätigt sehen. Die wenigen Züge und Lebensäußerungen, welche aus dem Knabenalter des Helden bekannt geworden sind, lassen deutlich genug schon die Ansätze zu jenen genialen Eigenschaften erkennen, die der große Mann später zu so herrlicher Entfaltung gebracht hat. Ein gütiges Geschick hat dieses junge Menschenreis in einen gesunden, fruchtbaren Boden gestellt und ihm Sonnenschein und Regen im rechten Maße zu teil werden lassen, so daß sich alle Gaben und Triebe, welche die keimende Seele in sich barg, naturgemäß und kräftig entwickeln konnten. Neben dem schönen harmonischen Familienleben in seinem Elternhause übte der Verkehr mit der freien frischen Gottesnatur den wohltätigsten Einfluß auf Otto von Bismarck aus. Ist doch die Natur die eigentliche Lebensatmosphäre der Kindheit, und werden doch nach dem Ausspruch weiser Pädagogen ohne den Einfluß der Natur niemals ganze, wahre Menschen erzogen.

Ein Jahr nach der Geburt unseres Helden gelangten dessen Eltern durch Erbvergleich in den Besitz der Güter Kniephof, Külz und Jarchelin im Naugarder Kreise in Pommern. Sie siedelten nun von der Altmark nach Pommern über, um ihren Wohnsitz auf Kniephof zu nehmen, während sie die Verwaltung des alten Stammgutes Schönhausen ihrem Gutsinspektor Bellin überließen. Der alte Rittersitz Kniephof, der Otto von Bismarck zur neuen Heimat wurde, hat eine schöne, freundliche Lage in fruchtbarer Gegend. Das Herrenhaus dort war freilich noch einfacher als das Schönhausener, der Park hingegen schöner und größer, und der Karpfenteich in demselben erfreute sich seines Fischreichtums wegen in der ganzen Gegend einer gewissen Berühmtheit. Ein wiesenreiches Flußthal, das der Zampel, zieht sich, von Erlen, Ulmen und Weidengebüsch lieblich eingefaßt, durch die Feldmark hin. Und wenn die Eltern ihrem alten Stammgute während der Sommerzeit gelegentlich auch einen längeren Besuch abstatteten und nach alter Gepflogenheit im Winter einige Monate in Berlin lebten, so war doch Kniephof mit seiner schönen Umgebung der eigentliche Tummelplatz der Jugendspiele Ottos. Hier nahm ihn die gütige Allmutter Natur in ihre Erziehungsanstalt, zeigte ihm die Fülle ihrer Schönheiten in Garten, Feld und Forst, offenbarte seiner ahnenden Kindesseele ihre tiefen Geheimnisse in Baum und Busch, Fluß und See. Das Kommen und Scheiden des Tages, der Jahreszeiten, die hehre Pracht des Sonnen- und Mondaufganges, die Schauer der stillen Nacht, die Schrecken eines Gewittersturmes erfüllten seine Phantasie mit großen und wunderbaren Bildern. In diesen beiden stärkenden Lebenselementen, Familie und Natur, entwickelte sich der Knabe an Leib und Seele auf das beste. Er war ein Bild der Frische und Gesundheit und zeigte in seinem Wesen etwas von jenem urwüchsig Täppischen, wie es die Sage von der Kindheit Jung Siegfrieds, Klein Rolands und anderer Helden der Kraft berichtet. Klein Bismarck trollte und tollte lustig in und um Kniephof umher. Er kannte bald jeden Vogel im Busch und Baum nicht nur an den Federn, sondern auch am Fluge und am Gesang, wie er das Wild an der Fährte erkannte. Oft machte er den Karpfen im Teiche seine Aufwartung; und nicht lange, so stand er im vertraulichsten Verkehr mit den stummen Bewohnern des Gewässers und hatte seine helle Freude daran, wenn dieselben nach den ihnen zugeworfenen Futterbrocken schnappten und einander darum jagten. Eines Tages, als er mutterseelenallein an den Teich gegangen war und sich wiederum mit seinen Lieblingen im Wasser beschäftigte, ließ ihn sein kindlicher Eifer aller Vorsicht vergessen, und ehe er sich's versah, lag er in dem ziemlich tiefen Teich. Welchem glücklichen Umstande er seine Rettung verdanke, wußte er selber nicht zu sagen. Doch Kinder haben eben ihre Engel. Triefend, mit Schlamm und Schilf überdeckt, kam er, ganz gleichmütig, als ob ihm weiter nichts Besonderes geschehen wäre, bald nach seinem Unfall im Elternhause an; nur klagte er, daß ihm entsetzlich kalt sei.

Für tapfere Taten und Heldengröße scheint unserm Helden frühzeitig das Verständnis aufgegangen zu sein. In folgendem Vorfall gab er in seiner Weise den Beweis dafür. Zu den öfter wiederkehrenden Gästen des Bismarckschen Hauses in Kniephof gehörten auch viele Offiziere der benachbarten Garnisonstädte, deren blanke Uniformen der kleine Otto stets bewunderte. Eines Tages nahm der als Hausfreund auf Kniephof verkehrende Major von Schmeling an der Mittagstafel teil; dieser, Ritter des Eisernen Kreuzes und in den Freiheitskriegen verwundet, trug noch den linken Arm in der Binde. Otto, der mit seinem Bruder Bernhard an einem Nebentische speiste, verließ den von seinen Feldzugserlebnissen erzählenden Major kaum mit einem Blicke; mehr noch als die glänzende Uniform erregte heute der verwundete Arm des Kriegsmannes und das Eiserne Kreuz auf dessen Brust das Interesse des Kleinen. Plötzlich sprang dieser von seinem Stuhl auf, trat auf den Major zu, stellte sich in straffer, etwas breitbeiniger Haltung, die Hände in die Seiten gestemmt, vor den Major hin und richtete mit leuchtenden Augen die Frage an ihn: „Ist Er von einer Kanonenkugel geschossen?"

Die Sprache unseres genialen Staatsmannes hat in mancher gewaltigen Redeschlacht durch Bilderschmuck, durch Trefflichkeit des Ausdrucks und durch wuchtige Macht die Hörer zur Bewunderung hingerissen; doch ist es auch bekannt, daß sie des glattfließenden Stromes entbehrt und mehr dem über Felsgeröll dahinrauschenden Sturzbache gleicht. Auch diese Eigenheiten der Sprache Bismarcks, Vorzüge wie Mängel, wurzeln in der Kindheit desselben. Während die ursprüngliche

Naturanschauung des Knaben der Redeweise des Mannes den Vorrat an schönen und plastischen Bildern lieferte, hatte derselbe auch allezeit mit einer gewissen Unbeholfenheit zu kämpfen, welche schon der kindlichen Zunge eigen war. Es wird berichtet, daß der kleine Otto lange mit der Aussprache des L und R auf gespanntem Fuße gestanden hat. Vielfach war er deswegen der Neckerei seines älteren Bruders ausgesetzt, so beispielsweise, wenn er aus seinem Bilderbuche die Kinderfabel vom Bären und den Bienen in folgender Weise deklamierte:

„Holla, ihr Bienen, brummte der Bär,
Gleich gebt mir euren Honig her!" – –

Daß er damals auch in der deutschen Grammatik nicht gerade ein großer Held gewesen ist, geht aus folgendem hervor: Einmal nahm ihn die Mutter ins Verhör und fragte: „-Otto, was hast du gegessen? Du riechst nach Medizin?" Der Kleine besann sich ein Weilchen und antwortete: „In Vaters Stube stand eine Flasche, die hab' ich an den Mund genommen; getrunken hab' ich aber nicht davon, weil sie zu sehr stankte."

Tritt schon aus diesem Beispiel ein Zug zur Wahrhaftigkeit und Offenheit, wie er dem großen Diplomaten stets in seinem späteren Leben zur Zierde gereicht hat, deutlich hervor, so zeigt sich diese edle, echt deutsche Tugend in einem andern Ereignisse aus der Kindheit desselben in noch glänzenderem Lichte. Eines Abends, als er gekommen war, der Mutter „gute Nacht" zu sagen, fragt ihn dieselbe: „Otto, hast du auch dein Süppchen gegessen?" Otto schweigt und steht einen Augenblick nachdenkend da; dann wendet er sich plötzlich um und stürmt hinaus. Gleich darauf aber kehrt er mit einem entschiedenen „Ja, Mama!" zurück. Den Abend über war er mit so vielen für seinen kindlichen Geist äußerst wichtigen Dingen beschäftigt gewesen, und es war seinem Gedächtnis entschwunden, daß er seine Abendmahlzeit schon gehalten hatte. In Zweifel darüber war er in die Küche hinaus geeilt zu seiner Wärterin Lotte Schmeling, die um die Sache wissen mußte, und hatte sich von dieser Gewißheit geholt. Auf eine bloße Vermutung hin hatte er die Frage seiner Mutter nicht beantworten wollen.

Nach dem Ausspruche einer der Familie Bismarck nahe verwandten Dame war „der Vater das Herz, die Mutter der Verstand des Hauses". Dieses Wort gibt nicht bloß ein Bild von dem Verhältnis der Eltern zu einander, sondern es kennzeichnet auch den Einfluß, den sie auf die Erziehung ihrer Kinder ausgeübt haben. Der gutmütige Herr Rittmeister von Bismarck war gegen seine Kinder die Zärtlichkeit und Nachsicht selber; besonders helle Freude hatte er an seinem Jüngsten, unserm Otto, sogar oft an den kleinen Unarten des hübschen, aufgeweckten Knaben. Einst als dieser an seinem Kindertischchen auf die Mittagssuppe wartend dasaß, mochte ihm wohl die Zeit etwas lange währen. In seiner kindlichen Ungeduld nahm er bald eine Haltung an, wie sie für ein wohlerzogenes Bürschlein wenig passend ist. Den Rücken halb nach dem Tische der Eltern gewendet, die Knie gegen die Tischplatte gestemmt, ließ er die Beinchen in taktgemäßen Pendelschwingungen hin- und herbaumeln. Die Frau Mama, dies bemerkend, steht im Begriff, dem kleinen zukünftigen Staatsmann wegen seiner wenig parlamentarischen Haltung einen Ordnungsruf zu erteilen; doch der gute Herr Papa wendet die Rüge ab; ehe die Mutter zu Worte kommt, ruft er im weichsten Tone ihr zu: „Minchen, sieh doch den Jungen, wie er dasitzt und mit den Benekens baumelt!"

Die etwas weitgehende Nachsicht des Vaters hat wohl mit dazu beigetragen, daß Frau von Bismarck, so lieb sie ihre Söhne hatte, darauf drang, dieselben so frühzeitig als möglich behufs einer zweckmäßigen Erziehung aus dem Hause zu geben. So kam denn Otto, als er sechs Jahre alt war, in die Plamannsche Erziehungsanstalt zu Berlin, wo sich sein älterer Bruder Bernhard bereits seit einem Jahre befand. Für die Wahl dieser Anstalt war bei Frau von Bismarck wohl folgendes noch mit maßgebend:

Ihr Vater war ein begeisterter Verehrer des großen Schweizer Volkspädagogen Pestalozzi gewesen, und wie neuerdings aus den im Geheimen Staatsarchiv aufbewahrten Akten des Oberschul-Kollegiums dargetan worden ist, hat der vortreffliche Staatsmann in Übereinstimmung mit dem Minister Stein seinen ganzen Einfluß aufgeboten, daß die bald nach dem Regierungsantritt Friedrich Wilhelms III. in Aussicht genommene Verbesserung sämtlicher preußischer Schulen zwecks einer wahren „Nationalerziehung" nach den Grundsätzen der Pestalozzischen Methode geschehe, „weil diese", nach seinen Worten, „die Selbsttätigkeit des Geistes erhöhe, den religiösen Sinn und alle edleren Gefühle des Menschen anrege, das Leben in der Idee befördere und den Hang zum Leben im Genuß mindere und ihm entgegenwirke".

Die Plamannsche Erziehungsanstalt für Knaben, welche sich damals in der Wilhelmstraße Nr. 139 befand, war zur Zeit der Erhebung Preußens nach Pestalozzischen Grundsätzen errichtet worden, und unter der Mitarbeit begeisterter Vaterlandsfreunde wie Ludwig Jahn und Friedrich Friesen hatte sie bald einen hohen Ruf erlangt. Die vornehmsten Adelsfamilien, besonders die der Mark Brandenburg und Pommerns, vertrauten ihre Söhne der Anstalt an.

Über die Ankunft Otto von Bismarcks im Plamannschen Hause liegt der Bericht eines Mannes vor, welcher damals mitten unter der Knabenschar sich befand, die den neuen Zögling daselbst zuerst begrüßte. Dieser Gewährsmann schreibt:

Wir befanden uns auf dem Mittelflur, als die nach der Straße führende Haustür sich auftat und der Kutscher des Herrn von Bismarck in dem damals üblichen weiten Mantel mit lang herabhängendem Rundkragen eintrat, Otto, gleichfalls in einen solchen Mantel gehüllt, auf dem Arme tragend. Er war schon damals ein hochaufgeschossener Knabe und ragte weit über das Haupt des Kutschers hinaus. Wir eilten auf Otto zu, aber er verzog keine Miene und sah nur mit imponierendem Ernst von oben herab auf uns nieder. – "Wie kommt es nur" – diese Frage knüpft der Erzähler an jene Mitteilung – "daß dieses Bild mir nach mehr als fünfzig Jahren klar im Gedächtnis geblieben ist, dieses Bild eines Knaben, von dem ich sonst aus jener Zeit nichts, durchaus gar nichts weiß? – War das eine Ahnung davon, daß er einst so hoch über uns gestellt sein werde?"

Es war für den noch in so zartem Alter stehenden Otto von Bismarck nicht leicht, sich in die neuen Verhältnisse einzuleben. In der Plamannschen Erziehungsanstalt herrschte spartanische Einfachheit und Strenge. Morgens Punkt sechs Uhr wurden die Zöglinge geweckt.

Das Frühstück bestand aus Milch und Brot. Nach kurzer Morgenandacht begann um sieben Uhr der Unterricht. Um zehn Uhr eine halbstündige Pause, in welcher die Knaben sich im Garten erholen und ihr zweites Frühstück verzehren konnten, welches aus Brot mit Salz und Obst bestand. Das Mittagsessen wurde um zwölf Uhr von Lehrern und Schülern gemeinschaftlich im großen Saale eingenommen; Frau Direktor Plamann und eine Nichte derselben trugen die Speisen selbst auf. Die Kost war überaus einfach, aber nach den späteren Aufzeichnungen eines Zöglings kräftig, gut zubereitet und reichlich. Wer an der ihm zugeteilten Portion nicht genug hatte, kam mit seinem Teller zur Frau Direktor und bat um mehr. Knaben aber, welche ihre Portionen nicht aufessen konnten oder wollten, mußten nach Tische mit ihren Tellern so lange auf der Gartenterrasse stehen, bis sie den Rest verzehrt hatten. Täglich pflegten drei bis vier Knaben ihren Mitschülern das Schauspiel zu geben, daß sie mit ihren Tellern dort aufgestellt wurden. Auch Otto von Bismarck gehörte wohl zu diesen. Er hat im späteren Mannesalter des öfteren von den Gerichten der Plamannschen Mittagstafel erzählt, besonders von dem „ elastischen Fleisch", das nicht gerade hart, aber so gewesen sei, daß der Zahn nicht damit fertig werden konnte. Und Mohrrüben! – Mit Widerwillen hat der Fürst Bismarck später dieses Gerichtes gedacht: „Roh aß ich sie recht gern, aber gekocht und harte Kartoffeln darin, viereckige Stücke!" Von zwei Uhr nachmittags ab dauerten die Lehrstunden bis zur Vesper um vier Uhr. Es gab wieder Milch und Brot mit Salz. Bis zur Abendbrotzeit wurden nun die ausgegebenen Arbeiten erledigt oder Spiele im Freien vorgenommen. Das Abendbrot bestand in der Regel in Warmbier und belegten Butterbroten. Die Unterrichtszeit würde den Schülern oft sehr lang geworden sein, wenn sie nicht durch zwei Stunden Turnen gekürzt worden wäre. Diese Stunden waren stets die größte Erholung für sie, und ganz besonders fesselte der Fechtunterricht bei dem Lehrer Ernst Eiselen.[*])

---

[*] Vergleiche Ernst Krigars Schrift: »Meine Mitteilungen aus der Jugendzeit des Fürsten Bismarck."

Otto von Bismark konnte seine gleich beim Eintritt in die Anstalt bewiesene Zurückhaltung gegen die Genossen lange nicht überwinden, wie er an der Lebensweise und den Gebräuchen erst nach und nach Gefallen zu finden vermochte. Die zwiefache Trennung von Vater und Mutter und von den trauten Tummelplätzen seiner ungebundenen Jugendspiele lag ihm anfangs zu schwer auf der Seele. Dazu war es Frühlingszeit, als er in die Anstalt eintrat, und er fühlte sich in den Mauern der Stadt während der schönen Jahreszeit gleich einem gefangenen Vöglein. Und wenn er bei den gemeinschaftlichen Spaziergängen vor den Toren Berlins einmal seinem Gefängnis entflohen war, dann erwachte die Sehnsucht nach der ländlichen Heimat in seiner kindlichen Seele mit solcher Gewalt, daß ihm beim Anblick eines auf dem Felde pflügenden oder säenden Landmannes die Tränen in die Augen traten.

Doch wurde auch dieser Zustand überwunden. Daß dies früher geschah, als es Otto von Bismarck vielleicht selbst gehofft hatte, bewirkte das Verhalten seiner älteren Mitschüler, das seine ganze Kraft und Standhaftigkeit herausforderte. Die Neuaufgenommenen hatten in der Anstalt ihren Genossen gegenüber anfangs einen schweren Stand. Dem Charakter der in der Anstalt geltenden Erziehungsgrundsätze gemäß, trugen die Knaben im ganzen ein ziemlich rauhes Wesen gegen einander zur Schau; namentlich waren die Neulinge vielfach eines schroffen Benehmens seitens der Älteren ausgesetzt und mußten sich gewissen herkömmlichen, nicht gerade sanften Einweihungsgebräuchen beugen. Otto von Bismarck aber setzte diesem Herkommen, als es an ihm geltend gemacht werden sollte, entschiedenen Widerstand entgegen. Dies schien den anderen Knaben geradezu unerhört. Da ihm sein zurückhaltendes Wesen überhaupt als Unverträglichkeit oder Hochmut ausgelegt wurde, so war bald die Mehrzahl der Mitgenossen gegen ihn eingenommen, und es bildete sich eine förmliche Verschwörung gegen den Widerspenstigen, der so ganz anders war, als sich bisher Neulinge der Anstalt gezeigt hatten. Bei der nächsten Gelegenheit sollte er dafür büßen.

Es war zur Sommerzeit, und die Zöglinge wurden täglich bei gutem wie bei schlechtem Wetter nach dem „Schafgraben" zum Baden geführt. Hier hieß es vor allem Mut zeigen. Wehe dem, der sich nicht freiwillig Hals über Kopf ins Wasser stürzte und nur die geringste Furcht verriet. Der Lehrer nahm einen solchen Zaghaften auf seine Schultern und warf ihn dann an der tiefsten Stelle, natürlich kopfüber, ins Wasser. Die Mitschüler hatten die Erlaubnis, denselben, nachdem er wieder emporgekommen war, noch mehrmals unterzutauchen, bis er alle Furcht überwunden hatte und sich nicht mehr wasserscheu zeigte. Die Feinde Otto von Bismarcks freuten sich auf den Augenblick, in welchem dieser seine Taufe im Schafgraben erhalten sollte. Alle hatten sich vorgenommen, ihn tüchtig zu bearbeiten, alle standen schon gerüstet am Graben, als Bismarck mit der größten Kaltblütigkeit an den Rand desselben trat, sich hineinstürzte, untertauchte und am jenseitigen Ufer wieder emporkam. Ein allgemeines „Ah" folgte dieser Überraschung; keiner wagte es mehr, den kühnen Taucher zu berühren.

Wie oft hat Otto von Bismarck in seinem späteren Leben vor einem ähnlichen Wagnis wie hier am „Schafgraben" gestanden! Doch stets hat er sich als der kühne und meisterhafte Schwimmer gezeigt, der die Pläne seiner Feinde zu schanden werden ließ.

Otto hatte sich durch jene mutige Tat mit einem Schlage die Herzen aller seiner Mitschüler gewonnen. Hatte der hübsche Knabe mit der hohen Stirn und den sinnigen Augen durch seinen festen Willen schon vorher die besseren Elemente unter den Anstaltszöglingen für sich eingenommen, so nötigte seine Entschlossenheit jetzt auch seinen Gegnern allgemeine Achtung ab, welche stetig zunahm, da sich Otto unter der Leitung vortrefflicher Lehrer nach und nach auch zu einem Meister in der Kunst des Turnens und Fechtens aus-bildete.

Auch in den wissenschaftlichen Fächern machte Otto von Bismarck die erfreulichsten Fortschritte, so daß er in einzelnen Unterrichtszweigen bald manchen älteren Mitschüler überholte. Die begeisternde Art, wie in der Anstalt Geschichte, namentlich vaterländische Geschichte, gelehrt wurde, entflammte sein Herz für diesen Gegenstand ganz besonders, und die aus diesem Gebiete gewonnenen Eindrücke waren von bleibendem Einflusse auf sein späteres Fühlen und Denken. Von dem Geist, der die Erziehungsanstalt durchwehte, zeugt in beredter Weise ein anmutiges Bild, welches zur Sommerzeit während der Freistunden der Zöglinge im Garten der Anstalt oft zu schauen war.

Zu Weihnachten hatte einer der Zöglinge von seinen Eltern „Beckers Erzählungen aus der alten Welt" zum Geschenk erhalten; das Buch wurde bald so fleißig gelesen, daß das eine Exemplar lange nicht ausreichte, aller Wißbegierde zu stillen. Bald hatte sich denn auch eine größere Zahl von Schülern dies Buch von ihren Eltern schenken lassen. Jetzt wurde der Trojanische Krieg vorgenommen. Der erste, welcher diesen ganzen Teil des Buches fast auswendig konnte, war Otto von Bismarck. Am Ende des Anstaltsgartens, nach der jetzigen Königgrätzer Straße zu, stand ein großer schön gewachsener Lindenbaum. Es war der einzige Baum im Garten, zu dem hinauf zu klettern die Zöglinge Erlaubnis hatten. Dieser wurde zum Lieblingsaufenthalt. – "Nach der Linde!" hieß es, wenn irgend etwas Wichtiges mitgeteilt oder unternommen werden sollte. – Hier las Otto von Bismarck seinen Mitschülern in den Freistunden auch den Trojanischen Krieg vor. Er saß dann gewöhnlich auf einem Aste der Linde. Die Zuhörer, soweit sie Platz hatten, bestiegen ebenfalls den Baum, die Übrigen lagerten sich unter demselben. Mit Aufmerksamkeit folgte jeder dem Vorleser. Die Heldentaten der Griechen vor Troja erweckten helle Begeisterung in den frischen Herzen der Knaben. Es dauerte nicht lange, so hatte jeder den Namen eines dieser Helden. Bismarck konnte kein anderer als der Talamonier Ajax sein.

Er bewährte sich als der Held, dessen Namen er führte, besonders bei den Spielen, welche die Zöglinge in den Freistunden unternahmen. Diese Spiele waren bisher mehr Turnübungen zu nennen gewesen. Seit Otto von Bismarcks Eintritt aber hatten diese Vergnügungen nach und nach einen ganz anderen Charakter angenommen. Man fing an, sich in zwei Parteien zu teilen und nach allen Regeln der Kunst gegenseitig kriegerische Übungen auszuführen. Otto von Bismarck entwarf die

Schlachtpläne und behandelte die Sache mit solcher Wichtigkeit, daß er ein Tagebuch führte, worin er alle die für die Kriegsspiele wichtigen Ereignisse sorgfältig verzeichnete.

Im Winter, wenn Schnee lag, bestanden diese Kampfübungen in regelrechten Schneeballschlachten, an denen nicht selten auch die Lehrer teilnahmen. Hierbei war unser Otto in seinem Element. Er übernahm gewöhnlich die Führerrolle der einen Schar und führte gegen die von der anderen Partei besetzt gehaltenen Gartenterrasse den Sturmangriff aus. Er übersah bald die gegnerische Stellung, und wo die Terrasse nur schwach besetzt war, führte er, während ein allgemeines Bombardement den Hauptangriff verdeckte, seine auserlesene Kernschar zum Sturm. Mit einem lauten Hurra und unter dichtem Schneeballregen drang er an der Spitze seiner Truppe gegen die Terrasse vor. Hier entstand nun ein allgemeines Handgemenge, wobei sieh die Köpfe so erhitzten, daß es selten ganz ohne Beulen abging. Bei einem solchen Kampfgewühl geschah es einmal, daß die jugendlichen Streiter in ihrem Eifer selbst das Glockenzeichen zum Widerbeginn des Unterrichts überhörten. Ja, selbst die Stimmen der Lehrer vermochten nicht Ruhe zu schaffen. Da nahm Bismarck-Ajax nach dem Vorbilde seines Griechenhelden, der sich bei den Kämpfen vor Troja großer Feldsteine als Wurfgeschosse zu bedienen pflegte, seinen Schultornister und schleuderte ihn mit einem gebietenden Halt! mitten unter die Streitenden. Augenblicklich waren die Geister gebannt, der Friede hergestellt.

Gleichwie die Geschichte so fesselte bald auch die Geographie den Geist Otto von Bismarcks. Dieses Unterrichtsfach, damals im allgemeinen noch wenig entwickelt, wurde in der Plamannschen Anstalt schon nach anregender, zweckmäßiger Methode gelehrt, so daß statt des bisher in vielen Schulen getriebenen mechanischen Einlernens trockener statistischer Notizen eine wirkliche Länder- und Völkerkunde angebahnt wurde. Die Erziehungsanstalt hatte seit ihrem Bestehen stets die Erweckung und Pflege begeisterter Liebe zu allem Vaterländischen in den Herzen der Zöglinge als Hauptziel aller Lehrtätigkeit festgehalten, und es boten besonders die beiden genannten Gegenstände den Lehrern Gelegenheit, in diesem Geiste zu wirken. Die segensreichen Früchte blieben nicht aus. Otto von Bismarck pflegte in seinen späteren Lebensjahren gern zu erzählen, daß ihm durch gründliches Studium der Karte von Deutschland mit ihrem Farbenreichtum von 39 verschiedenen Landesgrenzen sehr früh die Erkenntnis der Naturwidrigkeit eines solchen Gebildes aufgegangen sei.

In diese Zeit der frühen Jugend Bismarcks fällt auch jenes Ereignis, durch welches, wie er selbst später erzählte, sein Vaterlandsgefühl einen ganz außerordentlich starken und nachhaltigen Impuls erhalten hat. Es war dies eine kleine Erzählung in dem von Seidenstücker herangegebenen Lesebuche „Eutonia", deren Lektüre einen so tiefen Eindruck auf ihn machte. Diese Geschichte, welche mit zum Erziehungsfaktor für den spätern großen Staatsmann geworden ist, führt den Titel: „Deutsches Schauspiel in Venedig oder die gerettete Ehre der Deutschen" von A. G. Meißner. Der Inhalt ist etwa folgender:

Alexander, der Erbprinz eines deutschen Kleinstaates, weilt mit seinem Kammerherrn in Venedig. Die vornehme Welt dieser Stadt gewährt den deutschen Gästen zwar Zutritt zu ihren gesellschaftlichen Zirkeln, doch verschmäht man nicht, sich bei vielfachen Gelegenheiten über das damals freilich wenig geachtete Volk der Deutschen lustig zu machen, indem man an den Festabenden kleine Theaterstücke zur Aufführung bringt, in denen jedesmal diese oder jene deutsche Sitte verspottet wird. Der Kammerherr, gleichwie sein Prinz darüber ergrimmt, beschließt Vergeltung zu üben. Er verfaßt zu diesem Zweck ein Schauspiel, das mit Einwilligung des Prinzen im Hause des letzteren an einem Gesellschaftsabende aufgeführt werden soll. Die geladenen Nobili Venedigs erscheinen, und als sie von der geplanten Vorstellung erfahren, verraten ihre spöttischen Mienen deutlich genug, daß sie erwarten, eine neue Gelegenheit zu finden, sich über die Deutschen lustig zu machen.

Doch diesmal hatten sie die Rechnung ohne ihren Wirt gemacht. Das Stück beginnt; die Bühne zeigt eine Straße in Rom bei nächtlicher Beleuchtung. Ein deutscher Reisender tritt auf, und da er in der späten Nacht kein Unterkommen finden kann, so sucht er sich die Langeweile zu vertreiben, indem er beim Laternenschein ein Buch zu lesen beginnt. Die Gespensterstunde ist angebrochen, und siehe da, hinter dem

Lesenden erscheint eine weiße Gestalt, die sich später als der Geist Ciceros kundgibt. Er hat sich nach jahrhundertelanger Ruhe aus seinem Grabe erhoben, um sich zu überzeugen, wie die Nachkommen seiner römischen Zeitgenossen in Kunst und Wissenschaft fortgeschritten seien.

Da erblickt er den Deutschen in seinem Buche lesend. Staunend betrachtet er über dessen Schultern die seltsam krausen, regelmäßigen Schriftzeichen. Sein Staunen wächst, als er sieht, wie der Lesende seine Repetier-Uhr aus der Tasche zieht, die auf einen Druck mit dem Finger genau die Stundenzahl angibt. Den Deutschen befällt bei seiner Lektüre indessen doch Müdigkeit; er versucht noch einmal, die Bewohner eines der anliegenden Häuser zu wecken und sich Einlaß und Nachtherberge zu verschaffen, indem er eine seiner Pistolen aus dem Gürtel hervornimmt und sie gegen eine Haustür abfeuert. Der Geist Ciceros sinkt bei dem Blitz und Knall des Schusses vor Schreck fast in die Erde. Doch von höchster Neugierde erfüllt, faßt er sich ein Herz, den Fremden anzusprechen.

Dieser, obwohl ihn die seltsame Gestalt des Gespenstes zuerst stutzig macht, steht kaltblütig und gelassen Rede und Antwort. Der Geist bittet ihn um Erklärung der wunderbaren Dinge, welche er gesehen und gehört hat. Zuerst erheischt er Aufschluß über die sonderbaren Schriftzüge in dem Buche und erfährt von der Erfindung der Buchdruckerkunst durch einen Deutschen. Dann wird ihm die Einrichtung der Taschenuhr erklärt, die sich abermals als eine deutsche Erfindung herausstellt. Und als der alte Römer endlich erfährt, daß auch die Erfindung des Pulvers, der wundertätigen Kraft in der Feuerwaffe, die den Göttern den Blitz und Donner entwunden zu haben scheint, von einem Deutschen stamme, da ist seine Verwunderung schier ohne Grenzen.

„Ist's möglich?" ruft er aus. „Die Deutschen und immer wieder die Deutschen! Dieses Volk, welches zu meiner Zeit noch aus halbwilden, in Tierhäute gekleideten Barbaren bestand, scheint treffliche Fortschritte gemacht zu haben. Dann aber muß mein edles Volk der Römer, dessen Geist damals schon die Welt beherrschte, jetzt auf eine Höhe gelangt sein, die nahezu an die Sonne reicht!" –

„Also gefallen wir Deutsche dir", entgegnete der Reisende, „so wie wir jetzt zu deinem Vaterlande zu kommen pflegen? – Nun wohl, so ist's gewiß auch dein Wunsch, zu erfahren, wie die Vertreter deines Volkes sich gewöhnlich in meinem Vaterlande zeigen? Ich verstehe ein wenig Zauberei; gieb acht!" – und auf den Wink des Deutschen erscheinen hausierende, Murmeltiere zeigende Savoyarden in elendem Zustande und mit blödem Gesichtsausdruck, bei deren Anblick der Geist Ciceros entsetzt verschwindet. Welchen Eindruck das Schauspiel auf die stolzen Venetianer machte, läßt sich leicht ermessen.

Der Inhalt dieser Erzählung war freilich wohl geeignet, das empfängliche Herz eines deutschen Knaben zur Begeisterung für die Vorzüge seines Volkes zu entflammen.

Fast sechs Jahre dauerte der Aufenthalt Otto von Bismarcks in der Plamannschen Anstalt, vielfach unterbrochen durch die Ferien, die auf Kniephof, gelegentlich wohl auch in Schönhausen oder in Berlin im Elternhause verlebt wurden. Das waren immer hohe Festzeiten für den Knaben. Vieles holte er dann auf den alten trauten Spielplätzen der Kindheit nach, was er so lange hatte entbehren müssen. Die höchste Freude empfand sein Herz aber beim ersten Anblick eines kleinen menschlichen Wesens, dessen Dasein ihn bei einem Ferienbesuche im Elternhause auf Kniephof überraschte. Es war ein Töchterchen, das den Eltern Ottos in demselben Jahre (am 29. Juni 1827) als er die Plamannsche Anstalt verließ, geschenkt worden war. Er hat zu dieser seiner einzigen Schwester, Malwine mit Namen, stets die zärtlichste Liebe gehegt.

Die Plamannsche Erziehungsanstalt hat dem Geiste Bismarcks, obwohl sie Bedeutendes zu seiner Entwicklung beigetragen, doch mehr trübe als freundliche Bilder eingeprägt. Er hat es später stets schmerzlich empfunden, daß er in so früher Kindheit der liebevollen Fürsorge des Elternhauses hat entbehren müssen. Doch ob anders aus dem gefühlvollen Knaben der „eiserne" Mann geworden wäre? – Die alte Linde, in deren Schatten er einst seinen Mitschülern die Heldentaten der Griechen und Trojaner verkündet, hat als mächtiger Baum lange in der östlichen Häuserflucht der Königgrätzer Straße, auch damals noch gestanden, als Otto von Bismarck 1871 an der Spitze des siegreichen Heeres in der Würde eines Fürsten und Kanzlers des neuen Deutschen Reiches in die deutsche Kaiserstadt einzog. Jetzt hat der historische Baum einem Gebäude Platz machen müssen; aber eine Tafel an demselben mit der Inschrift: „Hier stand die Bismarcklinde im Garten der Plamannschen Erziehungsanstalt, deren Zögling der Fürst war 1821 bis 1827" bezeichnet den an dem Hause Königgrätzer Straße 88 Vorübergehenden jene denkwürdige Stätte.

Zu Ostern 1827 mit dem Beginn seines dreizehnten Lebensjahres wurde Otto von Bismarck in die Untertertia des Friedrich-Wilhelms-Gymnasiums zu Berlin aufgenommen. In der neuen Schulanstalt gewann Otto von Bismarck die besondere Gunst eines Lehrers, der in seiner ferneren Schulzeit einen bedeutenden Einfluß aus ihn ausübte. Es war dies Professor Dr. Bonnell, späterer Direktor des Grauen Klosters. Schon am Tage der Aufnahme erfüllte ihn das Wesen und die Haltung des Knaben mit Zuneigung für denselben. Der treffliche Schulmann berichtet darüber: „Die neu Aufgenommenen saßen im Schulsaale auf mehreren Bänken hintereinander, so daß die Lehrer während der Einleitungsfeier Gelegenheit hatten, die Neuen mit vorahnender Prüfung durchzumustern. Otto von Bismarck saß mit sichtlicher Spannung, klarem, freundlichem Knabengesicht und hell leuchtenden Augen frisch und munter unter seinen Kameraden, so daß ich bei mir dachte: Das ist ja ein nettes Jungchen, den will ich besonders ins Auge fassen"

Des Lehrers „vorahnende" Musterung erwies sich nicht als Täuschung. Otto machte als Schüler des Gymnasiums die besten Fortschritte; von leichter Fassungsgabe und hellem Verstande, lernte er schnell und behielt auch das einmal Gelernte treu im Gedächtnis. Er wohnte damals mit seinem älteren Bruder Bernhard zusammen in der Berliner Wohnung seiner Eltern, Behrenstraße 53. Ein Hauslehrer führte hier die Aufsicht über die Knaben und erteilte neben einem besonderen französischen Lehrer, Mr. Gallot aus Genf, die nötige Nachhilfe im Unterricht. Zur Winterzeit fanden sich auch die Eltern in Berlin ein, die mit dem nahenden Sommer wieder aufs Land übersiedelten. Dann sorgte für die leiblichen Bedürfnisse der beiden lernbeflissenen

Junker eine Haushälterin, Trine Neumann, von welcher Otto von Bismarck später folgende launige Schilderung entworfen hat: „Trine Neumann stammte von meinem väterlichen Gute Schönhausen in der Altmark. Sie hatte uns Jungen herzlich lieb und tat alles, was sie uns an den Augen absehen konnte. So machte sie uns zu abend fast immer unser Leibgericht: Eierkuchen. Wenn wir zuvor ausgingen, ermahnte Trine Neumann uns regelmäßig: ‚Blievt hüt nich so lang ut, dat min Kauken nich afbacken!' und regelmäßig, wenn wir endlich nach Hause kamen, hörten wir die gute Trine schon wie einen Rohrsperling schimpfen: „Na tövt, Jungs, ut Jug ward in'n Lewen nix Vernünftigs: min Kauken sind al wedder afbackt!' Aber der Zorn der guten Tritte war immer bald verraucht, wenn sie sah, wie vortrefflich ihre ‚asbackten Kauken' uns Jungens schmeckten."

Inzwischen vergingen die Jahre; es kam der Tag der Einsegnung für Otto von Bismarck. Den Konfirmandenunterricht genoß er bei Schleiermacher, dem berühmten Berliner Geistlichen, Prediger an der Dreifaltigkeitskirche, der zu Ostern 1830 die Einsegnung an ihm vollzog. Welchen tiefen Eindruck die heilige Handlung auf das Gemüt des von wahrer Frömmigkeit erfüllten Knaben gemacht hat, geht daraus hervor, daß sich die Erinnerung daran in seinem späteren, reich bewegten Leben nie wieder verwischt hat. Bismarck nannte als greiser Mann seiner Schwester noch den Weihespruch, welchen ihm Schleiermacher an heiliger Stätte mit ins Leben gegeben. Es war der Eph. 6, 7 stehende Bibelvers: „Lasset euch dünken, daß ihr dem Herrn dienet, und nicht den Menschen", welchen der freigesinnte, nicht sklavisch am Buchstaben klebende Geistliche in folgender Form aussprach: „Was du tust, das tue Gott, und nicht den Menschen!" – "Noch weiß ich genau den Platz", erzählte der Reichskanzler seiner Frau Schwester alsdann, „wo ich unter den Konfirmanden gesessen habe, und als ich dann aufgerufen wurde und vor den Altar treten sollte, pochte mir gewaltig das Herz."

Noch der achtzigjährige Bismarck erinnerte sich Schleiermachers mit Verehrung. Gelegentlich eines Besuches des Verfassers dieses Werkes in Friedrichsruh rühmte der Fürst die hohen Geistesgaben des berühmten Theologen und sagte, auf dessen verwachsene Gestalt mit gewaltigem Haupt deutend, was Mutter Natur bei Schleiermacher am Rückenmark gespart habe, sei dem Gehirn zu gute gekommen.

Als Otto von Bismarcks älterer Bruder seine Gymnasialbildung vollendet hatte, um sich dem Militärberuf zu widmen, wurde die gemeinsame Wirtschaft unter Trine Neumann aufgelöst, und Otto kam zu dem Professor Prevost in Pension. Mit diesem Wohnungswechsel war zugleich auch die Übersiedelung in eine andere Schulanstalt und zwar in das Gymnasium zum Grauen Kloster verbunden. Hier fand Otto seinen alten Gönner, den Professor Bonnell, der inzwischen hierher versetzt worden war, auch als Lehrer wieder. Sein Wunsch, zu diesem wohlwollenden Herrn in Pension zu kommen, ging bald in Erfüllung. Bonnell charakterisiert seinen Zögling und dessen Verhalten in seiner Familie also: Ostern 1831 kam Otto von Bismarck als Pensionär in mein Haus (damals Am Königs graben Nr. 4), wo er sich freundlich und anspruchslos in meiner Häuslichkeit und durchaus zutraulich bewegte. Er zeigte sich in jeder Beziehung liebenswürdig. Er ging des Abends fast niemals aus. Wenn ich zu dieser Zeit zuweilen nicht zu Hause war, so unterhielt er sich freundlich und harmlos plaudernd mit meiner Frau und verriet eine starke Neigung zu gemütlicher Häuslichkeit.

Der Aufenthalt in der Bonnellschen Familie wurde Otto von Bismarck auch noch in mancher andern Hinsicht zum Segen. Der reich gefüllte Bücherschrank des Professors bot dem wißbegierigen Knaben köstliche Schätze; namentlich benutzte derselbe die umfangreichen Geschichtswerke zum fleißigen Studium, über dem er oft alles andere vergaß. Und wie große Anhänglichkeit und Achtung Bismarck auch als gereifter und berühmter Mann seinem alten treuen Lehrer bewahrt hat, bekundet dieser in seinen hinterlassenen Aufzeichnungen aus seinem Leben, in denen es an gegebener Stelle heißt: Der 17. April 1871 war der Tag, an welchem die Stadt Berlin die zum erstenmal versammelten Abgeordneten des deutschen Reichstages in dem großen Festsaale des neuen Rathauses begrüßte. Ich war auch dazu eingeladen. In dem großen Gedränge der Abgeordneten und Notabilitäten jeder Art zog natürlich Bismarck die Aufmerksamkeit am meisten auf sich. Plötzlich steht der große Mann vor mir und reicht mir in gewohnter Freundlichkeit beide Hände. Die Hitze des Saales hatte mein Gesicht gerötet; deshalb drückte er seine Freude darüber aus, mich so wohl zu finden. „Ich kann dies Ew. Durchlaucht zurückgeben," sagte ich, „und doch haben Sie einen bedeutenden Teil der Weltgeschichte nicht bloß durchgemacht, sondern gemacht." – – "Nun," erwiderte er, „ich habe so etwas an ihren Fäden gesponnen." Darauf folgten noch andere freundliche Worte, Erkundigungen nach meiner Frau u. s. w. –

Die Zeitungen schilderten dann in den nächsten Tagen den Eindruck, den dieser Vorgang auf die im Rathaussaale Versammelten gemacht hatte. In dem Bericht eines Blattes hieß es: Wer ist der kleine alte Herr, mit dem Bismarck so lange spricht, zu dem er sich fast herabzubeugen scheint? Es ist der Direktor Bonnell, der einst des Fürsten Lehrer war. Es tut einem wohl zu sehen, wie respektvoll der große Schüler noch heute vor seinem alten Lehrer steht.

Hermann Jahnke
Fürst von Bismarck – Sein Leben und Wirken

Originaltext in Frakturschrift

SEVERUS

Fürst Bismarck.
Nach einer Originalaufnahme der Hofphotographen Loescher & Petsch in Berlin.

I.
Unter dem Zeichen des Eisenkreuzes.

> „Geknebelt und geknechtet lag
> In Bonapartes Banden
> Die halbe Welt. — die Kette brach,
> Als Deutschland aufgestanden,
> Und siegesfroh
> Bis Waterloo
> Ihn unsre Väter trieben.
> Doch ob sie stritten heldengleich,
> Ihr Preis, das Reich — — —
> Wo ist das Reich geblieben?"
>
> Wilhelm Jordan.

Groß und bedeutungsschwer war die Zeit, aus welcher der Held dieses Buches, der Mann hervorgegangen ist, mit dessen gefeiertem Namen die Geschicke unseres deutschen Vaterlandes fast vier Jahrzehnte aufs engste verknüpft waren. Und nicht ohne sinn= und vorbildliche Beziehungen zu den gewaltigen Ereignissen dieser Zeit ist jener denk= würdige Tag, an dem einst Fürst Bismarck, der erste Kanzler des neuen Deutschen Reiches, das Licht der Welt erblickte.

Es war am 1. April des Jahres 1815. Die Frühlingszeit kehrte in die deutschen Lande wieder. Gesprengt lagen die Fesseln, in welche des Winters Gewaltherrschaft die Erde geschlagen hatte. Allerorten keimte und sproß neues Leben. Die gefiederten Sänger ließen ihre Jubellieder erschallen; im frischen Grün prangten die Saaten auf den

Feldern. Doch es standen noch die Tage des wetterwendischen Aprils und die strenge Zeit der Nachtfröste bevor, welche Keime und Knospen bedrohten.

„Alles Vergängliche
Ist nur ein Gleichnis."

Die Vorgänge im Leben der Natur boten ein treffendes Bild dessen, was sich zu jener Zeit im Leben der Völker zutrug.

Napoleon Bonaparte hatte, einer Gottesgeißel gleich, seinen Eroberungszug über Länder und Meere gehalten. Mit gewaltiger Faust beugte er die Völker unter die Macht seines Zepters. Auch unser deutsches Vaterland war von seiner furchtbaren Zuchtrute auf das schmerzlichste getroffen worden. Unter dem Schritt des Weltüberwinders mußte das freilich schon lange altersmorsche „Römische Reich deutscher Nation" in Trümmer sinken. Kaiser Franz aus dem Hause Habsburg hatte die Krone und den Herrscherstab, welche einst ein Otto der Große, ein Friedrich Rotbart getragen, freiwillig niedergelegt, nachdem eine Anzahl deutscher Fürsten es nicht ihrer Ehre und Würde zuwider gehalten, sich unter den Schutz des fremden Gewaltherrschers zu stellen. Preußen, das nach den Worten der Königin Luise auf den Lorbeeren Friedrichs des Großen eingeschlafen war, hatte sich vergeblich dem Anprall des mächtigen Eroberers entgegengestellt; es war zertrümmert und an den Rand des Verderbens gebracht worden. Das Vaterland in seiner Schmach, Ohnmacht und Zerrissenheit konnte nicht mehr mit dem einst so ehrenvollen Namen eines Deutschen Reiches bezeichnet werden.

Doch endlich brach über den gewaltigen Eroberer das Strafgericht Gottes herein; in Rußland wurde seinem unerhörten Siegesglück ein Ziel gesetzt. Für die geknechteten Völker kam die Stunde der Erlösung. In der schweren Zeit der Trübsal, da sich das deutsche Volk wieder auf sich selbst besonnen, erwachte der alte Heldengeist wunderbar aufs neue.

Preußens König, Friedrich Wilhelm III., wohlberaten von Männern wie Stein, Hardenberg, Scharnhorst, hatte seinem treuen Volke durch Befreiung des Bauernstandes von der Leibeigenschaft, durch Einführung einer neuen Städteordnung und der allgemeinen Wehrpflicht köstliche Güter an Rechten und Freiheiten gewährt und ihm, um es ganz zur freien Mitarbeit an den Aufgaben des Gemein= und Staatslebens mündig zu machen, die Entwürfe zu einer Neugestaltung der Provinzialstände und zur Bildung einer öffentlichen Landesvertretung in Aussicht gestellt. In dem dankbar zu seinem Könige aufblickenden

Freiherr Karl vom und zum Stein.

Preußenvolke vollzog sich unter der Wirksamkeit patriotischer Geistes=helden wie Fichte, Arndt, Humboldt, Jahn u. a., eine völlige Wiedergeburt. Es lernte wieder wahrhaft deutsch fühlen und denken, und die Glut der Begeisterung für den Kampf um die Befreiung des Vaterlandes, die, angefacht durch jene herrlichen Männer, allerorten erwachte, griff bald weiter um sich, bis sie auch die Herzen der deutschen Brüder in den andern Landen erfaßte. Theodor Körner sang, indem er von Wien herbeieilte und sich freiwillig unter Preußens Fahne stellte:

„Frisch auf, mein Volk, die Flammenzeichen rauchen,
Hell aus dem Norden bricht der Freiheit Licht!"

Es kam eine Zeit für das deutsche Vaterland, wie sie größer seit den Tagen der Kreuzzüge und der Reformation nicht mehr gesehen worden, jene wahrhaft hehre und heilige Zeit, welche unter dem Zeichen des Eisernen Kreuzes stand. Demütiger, gottergebener Sinn, durchglüht von der heißesten Liebe zum Vaterlande und flammendem Kampfesmute, hatte aller Herzen erfüllt. In der Einsetzung des Eisernen Kreuzes als des höchsten Ehrenzeichens für die in den Freiheitskampf ziehenden Krieger verlieh König Friedrich Wilhelm III. von Preußen jenem Geiste das schönste Sinnbild, wie denn das Eisen, das prunklose, wehrhafte und feste Metall, zum allgemeinen Symbole der Zeit wurde.

Fürst Hardenberg.

„Denn nur Eisen kann uns retten,
Uns erlösen kann nur Blut!"

Also gab der Freiheitssänger Max von Schenkendorf dem allgemeinen Empfinden des Volkes begeisterten Ausdruck. Bräute und Gattinnen brachten ihre goldenen Fingerringe auf dem Altare des Vaterlandes willig zum Opfer dar, um eiserne dafür einzutauschen, welche die Inschrift trugen: „Gold gab ich für Eisen."

Der Kampf um die Befreiung des Vaterlandes von den Fesseln einer ebenso drückenden als schmachvollen Fremdherrschaft ward zum Gottesdienste; die Flamme der Begeisterung, die alle trieb und bewegte, erweckte die höchsten Tugenden, die je ein Volk geschmückt haben. Die Sänger des Volkes wurden zu Priestern und Propheten der Freiheit, die wie die Seher alter Zeiten in glühenden Reden und zündenden Liedern zum Kampfe anfeuerten. Freiwillig oder auf den Ruf des Königs drängten sich die Scharen, Knaben und Greise selbst, zu den Waffen. Ein Geschlecht von Helden erwuchs wie über Nacht aus dem geheiligten Boden der Volksbewegung. Das weibliche Geschlecht wetteiferte mit dem männlichen um dem Preis des kühnsten Opfermutes für die Sache des Vaterlandes. Schienen doch sogar die Geister abgeschiedener Helden und Heldinnen herniedergestiegen und unter das Volk getreten zu sein, um an der allgemeinen Erhebung teilzunehmen. Die am 19. Juli 1810 gestorbene edle Preußenkönigin Luise, welcher der Gram um den Untergang des Vaterlandes das Herz gebrochen, wurde dem Volke und dem Heere zu einer Schutzheiligen. Das Beispiel der in den Kämpfen gegen Napoleon gefallenen Helden feuerte zur Nacheiferung an. In Theodor Körners Aufruf hieß es:

"Luise, schwebe segnend um den Gatten,
Geist unfres Ferdinand, voran dem Zug!
Und all' ihr deutschen freien Heldenschatten,
Mit uns, mit uns und unsrer Fahne Flug!"

Ernst Moritz Arndt ließ sein Lied vom Eisen erklingen:

"Der Gott, der Eisen wachsen ließ,
Der wollte keine Knechte."

Gott segnete die Eisenwaffen der deutschen Kämpfer, der Helden von Stahl und Eisen, die in herrlichen Schlachten den bisher für unbesiegbar gehaltenen Unterdrücker schlugen und vor sich her trieben. Mit eisernem Besen kehrte Held Blücher, der greise Marschall Vorwärts, die letzten Welschen von dem vaterländischen Boden hinweg. Und einmütig, wie man es seit Jahrhunderten nicht mehr gesehen, zogen Alldeutschlands Söhne "zum Rhein, übern Rhein", dem fliehenden Feinde nach, um ihn im eigenen Lande vor sich herzujagen und siegreich in seine stolze Hauptstadt Paris, wie Gleiches bisher noch nie geschehen, einzuziehen!

Die Macht des Feindes war gebrochen; der stolze Friedensstörer, der so unermeßlich viel Unheil auf Erden angerichtet, Napoleon Bonaparte, ward der Kaiserwürde, die er sich angemaßt, entkleidet und auf die Insel Elba in die Verbannung geschickt.

Die siegegekrönten Kriegsheere kehrten in die Heimat zurück; das deutsche Volk empfing seine Helden mit höchsten Ehren, Freudenthränen in den Augen, die Herzen von beseligenden Hoffnungen geschwellt, von dem Verlangen erfüllt, daß der glücklich beendete Krieg als Frucht nun dem Vaterlande eine segensreiche, glückliche Zukunft, allen seinen Söhnen Rechte und Freiheit in dem Maße der dargebrachten Opfer bringen, vor allem aber, daß das in Trümmer gesunkene Reich wieder herrlich und mächtig erstehen möge, wie es einst zu Kaiser Rotbarts Zeiten gewesen war. Jubelnd sang der Dichter Max von Schenkendorf, aus dem Freiheitskampfe mit heimziehend:

>"Wie mir deine Freuden winken
>Nach der Knechtschaft, nach dem Streit!
>Vaterland, ich muß versinken
>Hier in deiner Herrlichkeit! —
>
>Vaterland, in tausend Jahren
>Kam dir solch ein Frühling kaum.
>Was die hohen Väter waren,
>Heißet nimmermehr ein Traum!"

Wohlbegründet waren diese Hoffnungen und Wünsche unseres Volkes. Das verlockende Bild eines nach siegreichem Kampfe wiedererrichteten, festgeeinten, starken Reiches vor Augen, waren die streitbaren Männer zu den Waffen geeilt; die Auferstehung eines verjüngten, lebenskräftigen, in Einheit gehaltenen Volkes auf dem befreiten heimatlichen Boden war in einem feierlichen Erlasse des preußischen Königs verheißen worden. Und „das ganze Deutschland soll es sein — so weit die deutsche Zunge klingt", hatte der Dichter gemahnt, gefordert. Nun war die Zeit da, welche die Erfüllung dieser Verheißung und Hoffnung bringen sollte.

Doch es kam ein Reif über Nacht, der die Blüten des erträumten Völkerglückes wie mit einem Schlage vernichtete. Hatte schon der Abschluß des Friedens zu Paris, in dem die verbündeten Mächte Frankreich so milde behandelten, daß es weder die früher geraubten deutschen Länder Elsaß-Lothringen, noch die in dem jüngsten Kriege gestohlenen Kunstschätze wieder herauszugeben gezwungen ward, bei den deutschen Vaterlandsfreunden ernste Bedenken erregt; die nun folgenden Verhandlungen der Fürsten und Staatsmänner, die in Wien im Jahre 1815 zur Regelung der europäischen Staatenverhältnisse zusammentraten, erschienen bald geradezu als ein Hohn auf den Ernst der Zeit, auf die unerhörten Opfer, welche das Volk im schweren Befreiungskampfe gebracht hatte, und seine berechtigten Wünsche. Und leider war es ein deutscher Staatsmann, Fürst Metternich, dessen volksfeindlicher, listiger Politik es gelang, die Verhandlungen auf dem Wiener Kongresse in jene verderblichen Bahnen zu lenken.

Während die leitenden Staatsmänner Preußens das richtige Streben beseelte, dem allgemeinen Verlangen des Volkes nach einem einigen Vaterland mit freiheitlicher Verfassung Rechnung zu tragen und schon während des Krieges sich eifrig bemühten, den Entwurf einer zweckmäßigen Staatsform für das wieder aufzurichtende deutsche Reich festzustellen, waren die maßgebenden Leiter des österreichischen Staates nur darauf bedacht, die Dinge zum möglichst großen Vorteile für die habsburgische Hausmacht zu wenden; den Wünschen des deutschen Volkes standen sie kühl, ja feindlich gegenüber. Schon im Sommer 1813 hatte der Kaiser Franz erklärt: „Einem Deutschen Kaiser werde ich mich nicht unterwerfen, und zum neuen Kaiser bin ich nicht geschaffen." Hiermit war seinem leitenden Staatsmanne, dem Fürsten von Metternich, der Fingerzeig für die von Österreich einzuschlagende Politik gegeben. Der Schwerpunkt des aus allen möglichen Völkerschaften zusammengesetzten österreichischen Staates hatte schon lange vor der freiwilligen Niederlegung der deutschen Kaiserwürde außerhalb der Grenzen Deutschlands gelegen. In seinem Interesse lag daher weniger die Wiedererrichtung eines in fester Einheit gehaltenen deutschen Bundesstaates als vielmehr die Herstellung eines lockeren Bundes unabhängiger Staaten, der seinem Einflusse größeren Spielraum versprach. Dieses Ziel verfolgte Metternich in den Verhandlungen des Wiener Kongresses mit allen Mitteln diplomatischer Kunst, welche, zumal in jenen Zeiten, nicht immer die lautersten waren. Hieraus ergab sich wie von selbst die feindliche Haltung Österreichs gegen Preußen, das den Gedanken einer innigen Verschmelzung der deutschen Staaten, wie das Volk sie wünschte, vertrat. Preußen hatte zudem in dem Freiheitskampfe so glänzende Waffenthaten vollbracht, daß sein Ruhm den aller Verbündeten überstrahlte. Es war im Laufe der Zeit, seiner kraftvollen Entwicklung gemäß, in dem Grade in das übrige deutsche Gebiet hineingewachsen, wie

Klemens Lothar Wenzel Fürst von Metternich,
österreichischer Staatskanzler.

Österreich aus demselben herausgewachsen war. Die Sympathien großer Kreise des deutschen Volkes neigten sich diesem Staate, der so entschiedene Schritte zu freiheitlicher Entfaltung noch eben in letzterer Zeit gemacht hatte, in hohem Maße zu. Dadurch wurde die alte Eifersucht Österreichs auf das mächtig emporstrebende Hohenzollernreich im deutschen Norden von neuem heftig entflammt und die Furcht erweckt, es möchte diesem über kurz oder lang die Führerrolle in Deutschland zufallen.

Die Herstellung einer freien, einheitlichen Reichsverfassung zu verhüten, Preußens Macht und Einfluß niederzuhalten, darauf richtete Metternich seine Wirksamkeit, und siehe, seine meisterhafte Staatskunst sollte den Sieg davontragen. Wurden doch von Rußland und England, denen ein uneiniges und schwaches Deutschland im eigenen Interesse nur erwünscht sein konnte, die österreichischen Pläne unterstützt. Die Vorschläge zur Regelung der deutschen Angelegenheiten, mit denen Metternich alsbald hervortrat, mußten geradezu als ein Angriff auf Preußen erscheinen. Während Frankreich die Unverletzlichkeit seiner Grenzen von 1792 zugesichert erhielt, während Österreich durch abermalige Entäußerung deutschen Gebietes, der Niederlande und Vorderösterreichs, und durch Erwerbung Venedigs und Salzburgs auf das vorteilhafteste in seinen Grenzen abgerundet wurde und die kleineren deutschen Fürsten, ob sie sich durch ihr Hinneigen zu Napoleon auch noch so schnöde gegen das deutsche Volk versündigt hatten, mit möglichster Machtfülle ausgerüstet werden sollten, ward Preußen zugemutet, seinen ihm während des Krieges von seiten seiner Verbündeten verbürgten Anspruch auf Herstellung eines zusammenhängenden Gebietes aufzugeben. Das preußische Reich sollte, durch Hannover und Hessen in zwei Hauptmassen getrennt, die denkbar ungünstigsten Grenzen, eine Verteidigungslinie von Memel bis Saarbrücken, und also außer Rußland und Österreich mit wohlberechneter Absicht auch Frankreich zum Nachbarn erhalten. Unerhört war es, daß den Staatsvertretern Frankreichs auch in den Beratungen über diese rein deutschen Angelegenheiten Sitz und Stimme eingeräumt ward. Wie sehr sich auch die Preußens Sache amtlich vertretenden Staatsmänner, Fürst Hardenberg und Wilhelm von Humboldt, gegen die Verwirklichung dieser Pläne sträubten, ihr Kampf, nicht mit den Waffen geführt, wie sie unter den gegebenen Verhältnissen notwendig gewesen wären, hatte wenig Erfolg. Der markvolle Freiherr vom und zum Stein, der vielleicht die Kraft und die Festigkeit besessen hätte, dem Metternichschen Ränkespiel siegreich entgegenzutreten, war in amtlicher Stellung nicht an den Verhandlungen beteiligt, ebensowenig einer der alten eisenfesten Freiheitshelden wie York, Blücher, Gneisenau, die man in schlauer Absicht fern zu halten gewußt hatte. „Es ist jetzt die Zeit der Kleinheit," schrieb Stein damals von Wien aus, „der mittelmäßigen Menschen. Alles kommt wieder hervor und nimmt seine Stelle ein, und diejenigen, welche alles aufs Spiel gesetzt haben, werden vergessen und vernachlässigt."

Bei der Kunde von den bösen Anschlägen gegen Preußen erhob sich ein Schrei der Entrüstung aus den Scharen der treuen Bewohner dieses Landes; die Schwerter der tapferen Freiheitskämpfer klirrten in den Scheiden. Auf einen Wink des Königs hätte das Volk sich zur Abwehr solchen Unrechts abermals freudig zum Kampfe erhoben. Wohl mochte auch Friedrich Wilhelm, trotz seiner großen Friedensliebe, damals solchen Schritt ernstlich bei sich erwogen haben. Aber er mußte bald sehen, daß ihm seine Gegner bereits zuvorgekommen waren; Österreich, England und Frankreich hatten zur Durchführung ihrer Absichten ein geheimes Bündnis geschlossen und jeder der genannten Staaten sich verpflichtet, im gegebenen Falle ein Kriegsheer von 150 000 Mann unter Waffen zu stellen. Wer weiß aber, ob es trotzdem nicht geschehen wäre, daß die verbündeten Mächte der Welt das Schauspiel eines Krieges unter sich gegeben hätten, wenn nicht plötzlich ein ganz unerwartetes Ereignis eingetreten wäre, welches dem Lauf der Dinge eine gänzlich andere Wendung gab.

Napoleon, der von den Vorgängen des Wiener Kongresses Kunde erhalten hatte, gelang es, seinem Gefängnis auf Elba zu entkommen und in Frankreich zu landen. Auf einen Aufruf an seine einstmaligen Krieger strömten ihm seine Getreuen in Scharen zu, bereit, das Glück der Schlachten noch einmal mit ihm zu versuchen. Auch das wetterwendische Volk der Franzosen begann dem entthronten Kaiser, der Frankreich so unermeßlichen Ruhm gewonnen, nun nach seiner Rückkehr von neuem zuzujubeln, umsomehr, als man mit dem neuen Könige Ludwig XVIII., aus dem Hause Bourbon, wenig zufrieden war.

Zwar hieß es in einem Manifest, welches der zurückkehrende, von neuem zum Kaiser erhobene Ruhestörer an die Mächte Europas richtete, das Kaiserreich werde von nun an der Friede sein. Dennoch traute man diesen Worten des friedenverkündenden Fuchses nicht. Nur insofern entsprachen seine Worte der Wahrheit, als unter den Streitenden

des Wiener Kongresses plötzlich „all' Fehd' ein Ende hatte". Einmütig beschlossen die versammelten Fürsten, Napoleon mit vereinten Heeresmächten entgegenzuziehen. Wiederum war es Preußen, welches, trotz der ihm seitens seiner Bundesgenossen widerfahrenen Behandlung, auch für diesen zweiten Kampf, den ein strenger Friedensschluß nach dem ersten unnötig gemacht haben würde, in heller Begeisterung auflöderte, durch seine Schlagfertigkeit allen zuvorkam und durch die Tapferkeit seines Heeres den Sieg entschied. Während sich die Heere Österreichs und Rußlands langsam in Bewegung setzten, zog Fürst Blücher von Wahlstadt mit seinen Scharen eilends dem Feinde entgegen, den er in Belgien traf, wo er vereint mit Wellington, der ein Heer der Engländer führte, in der ruhmreichen Schlacht von Waterloo am 18. Juni 1815 Napoleon eine Niederlage bereitete, von der derselbe sich nicht wieder erholen konnte.

Abermals beseelte das deutsche Volk freudige Hoffnung. Vielleicht daß nun nach dem zweiten Freiheitskampfe seine Wünsche in Erfüllung gehen würden! Der alte Blücher gab diesen Erwartungen in seiner Weise beredten Ausdruck, indem er bei festlicher Gelegenheit den Trinkspruch ausbrachte, „daß diesmal die Federn nicht wieder verderben möchten, was das Schwert gewonnen habe".

Doch vergebens! Das Heldendrama des zweiten Freiheitskrieges fand in einem neuen schnöden Ränkespiel seinen Abschluß. Es folgte ein zweiter Einzug in Paris, eine abermalige Absetzung Napoleons und seine Verbannung nach der öden Felseninsel St.=Helena, dann der Abschluß des zweiten Pariser Friedens, der sich von dem ersten wenig unterschied, hierauf eine Fortsetzung des Wiener Kongresses und endlich — die Durchführung der Pläne der Gegner Preußens. Statt zu der verheißenen Wiederaufrichtung des „ehrwürdigen Reiches" und „der Wiedergeburt eines festgeeinten Deutschlands" kam es unter den 39 Mächten Deutschlands zu einem „Deutschen Bund", in dem das Kaisertum Österreich die Oberherrschaft führen sollte. Preußen erhielt zu gunsten der kleineren Mittelstaaten die obenbezeichnete Gestaltung seines Gebietes; der vor dem Kriege verheißenen Rechte und Freiheiten ward kaum noch gedacht. Die opfermutigen Völker gingen leer aus.

Durch diesen unglückseligen Abschluß der Verhandlungen ward eine Saat ausgestreut, die alsbald üppig aufschoß, um unheilvolle Früchte zu tragen, welche das deutsche Staatenleben vergifteten auf mehr denn fünfzig Jahre hinaus.

>"Mit Leide ward's geendet,
>Wie stets zum allerletzten Liebe in Leid sich wendet."

Tiefes Weh durchdrang bei der Kunde dessen, was geschehen, die Herzen des treuen Preußenvolkes; bittere Enttäuschung empfanden viele seiner deutschen Brüder, und selbst die Unterthanen des Kaisers von Österreich vermochten sich der nun gekommenen, so lange heißersehnten Friedenszeit nicht recht zu freuen. Der Dichter sang:

>"Glaubt ihr, der Friede werd' euch
>Für des Hauses Freude bürgen?
>Wohl, vernichten konnt der Krieg uns;
>Solch ein Friede wird uns würgen!"

Und wer trug die Schuld an diesem unheilvollen Werk? Das Thun und Treiben böswilliger, verschlagener Diplomaten, deren Arglist verdarb, was Deutschlands heldenmütiges Schwert gewonnen. Ihre Künste verstrickten das Vaterland in ein Netz unglücklichster Zustände, wodurch es in seiner Kraft gelähmt und uneins und ohnmächtig zum Spotte seiner Feinde wurde. O daß in Deutschland ein Mann der Staatsweisheit gewesen wäre, der, den Helden des Schwertes gleich, es vermocht hätte, jenes ränkevolle Gewebe schnöder Staatskunst mit dem Flamberg seines Geistes zu durchhauen, damit der umstrickte Löwe der Volksfreiheit sich in seiner ganzen Macht und Größe erhebe! Also mochte damals manches deutsche Herz in banger Sorge um die Zukunft des Vaterlandes geseufzt und geklagt haben.

Gleiches empfand wohl auch das von Vaterlandsliebe beseelte Elternpaar eines Knäbleins, das in jenen Tagen im alten Rittersitze Schönhausen in der Altmark das Licht der Welt erblickte und dessen Geburt durch eine seltsame Anzeige in der Berliner Haude=Spenerschen Zeitung vom 11. April 1815 weiteren Kreisen verkündet wurde:

"Die gestern erfolgte Entbindung meiner Frau von einem gesunden

Sohne verfehle ich nicht, allen Verwandten und Freunden unter Verbittung des Glückwunsches bekannt zu machen.

Schönhausen den 2. April 1815. Ferdinand von Bismarck."

Es klingt wie ein Ausruf tiefer Erbitterung, wenn der altmärkische Edelmann unter der allgemeinen Trauer seines Volkes die Beglückwünschung zu einem so freudigen Ereignisse, wie die Geburt eines Sohnes ist, sich verbat. Und die Mutter des neugeborenen Knaben, die als Tochter eines ehemals bedeutenden Staatsmannes in Berlin unter den Augen der Königin Luise erwachsen war, fühlte wohl den Schmerz um [die Sache des Vaterlandes nicht minder tief. Töne der Trauer mochten sich oft in die Wiegenlieder mischen, womit sie ihren Knaben in Schlummer sang, während ihrem Herzen ein Wunsch entkeimte, dem sie später Ausdruck verlieh in den Worten: „Mein Otto soll einmal ein Staatsmann werden!"

Herrlich ist der Wunsch der patriotischen Frau in Erfüllung gegangen. Ein Staatsmann ist ihr Sohn geworden, wie ihn größer die Welt niemals gesehen hat. War Otto von Bismarck es doch, der, zum Manne erwachsen, zumeist mit dazu beigetragen hat, daß die Schäden, welche um die Zeit seiner Geburt dem Vaterlande erwuchsen, geheilt, daß die Sehnsuchtsträume unseres Volkes nach einem einigen, starken Deutschland endlich erfüllt worden sind. Einem Siegfried gleich hat er, gefeit gegen alle Anschläge seiner Feinde, den Drachen deutscher Zwietracht getötet und das Rheingold der alten Kaiserherrlichkeit wieder ans Licht gebracht, daß es im hellsten Glanze erstrahlt.

Daß ihr, treuliebende Eltern, sie noch hättet erleben können, jene neue große Zeit, an siegreichen Kämpfen jener gleich, die einst unter dem Zeichen des Eisenkreuzes stand! Seht neben dem hohen Heerkönige und den gewaltigen Helden der Waffen und der Schlachten steht der unüberwindliche Kämpe des Geistes, vermöge seiner Staatsweisheit die Frucht zu ernten, welche die Sichel des Schwertes geschnitten! Das deutsche Volk preist diesen großen Staatsmann und Mitbegründer des neuen Deutschen Reiches auch als euren Sohn:

Fürsten Otto von Bismarck.

II.

Heimat und Vaterhaus.

> „Schönhausen, altes Elbdeichgut,
> Du gabst den Bismarcks neues Blut
> Und frischen Mut zum Streben
> Und Kämpfen, das heißt Leben."
>
> Hermann Hoffmeister.

Charakteristisch für das Leben Otto von Bismarck's wie die Zeit, aus welcher er hervorgegangen, ist auch das Stück Erde, auf dem einst seine Wiege gestanden hat.

Der ländliche Herrensitz Schönhausen, wo das Geschlecht der Bismarcks seit der Mitte des sechszehnten Jahrhunderts heimisch ist, und wo am 1. April 1815 unser Held geboren wurde, liegt in der Altmark, dem Stamm- und Kernlande des preußischen Staates, am rechten Ufer der Elbe, innerhalb des Winkels, den dieser Strom mit seinem größten Nebenflusse, der Havel, bildet. In der Ebene, mit landschaftlichen Reizen spärlich bedacht, aber von der Berlin-Lehrter Eisenbahn durchzogen, breitet sich dort das Bismarcksche Gebiet weithin aus. Karger Boden, hin und wieder von Streifen düsteren Kieferngehölzes bedeckt, von den beiden genannten Wasserläufen und sumpfigen Niederungen unterbrochen, giebt der Landschaft ihren Charakter. Doch lebt daselbst ein Menschenschlag, der, stark, zähe und knorrig wie die Kiefern der Waldheide, dem mageren Boden dennoch alle Zeit gute Erträge abzu=

nötigen gewußt, und auch in den Kämpfen um die Entwicklung der Macht und Größe des brandenburgisch=preußischen Staates stets fest und kühn mit in der ersten Reihe gestanden hat.

Seit mehr denn achthundert Jahren ist der Strom des geschicht= lichen Lebens unseres deutschen Volkes über dieses Gebiet dahingerauscht.

Stammhaus des Fürsten Bismarck in Schönhausen.
Nach der Natur aufgenommen.

Hier gründete König Heinrich I. die Nordmark als feste Vormauer zum Schutze gegen das andringende Slaventum. In zäher Gegenwehr haben hier die tapferen Markgrafen rühmlich ihren Platz behauptet. Auf diesem Boden faßte der Zollernaar zuerst festen Fuß; und hier an den Ufern der Havel und des Rhins erhob er seine Schwingen zum ersten großen Siegesfluge am Tage der Schlacht von Fehrbellin.

Unter den Familien des urkräftigen, treuen Märkerstammes ist das Geschlecht der Bismarcks eins der ältesten und tüchtigsten. Der Ursprung desselben ist in dem alten Burgsitz Bismarck, das heißt Bischofsmark (Biskopesmark), einem alten Schloß und einer kleinen Stadt in der Nähe von Stendal, zu suchen. Hier lebte um das Jahr 1270 der älteste urkundlich nachweisbare Ahne der Familie, Herbord (Heribert, Herbert) von Bismarck. Schon früh siedelten die Bismarcks nach Stendal über, wo sie unter den Geschlechtern des Bürgeradels sich bald vorteilhaft hervorthaten und im Regiment jener würdigen alten Hansastadt zu ehrenvollen und einflußreichen Stellen gelangten. Um die Mitte des vierzehnten Jahrhunderts erhielt ein Klaus von Bismarck für seine Verdienste in öffentlichen Angelegenheiten vom Markgrafen Ludwig dem Älteren das Schloß Burgstall, nahe bei Letzlingen gelegen, als erbliches Lehen übertragen. Seitdem gehörten die Bismarcks zu den „schloßgesessenen" Familien der Mark und gewannen dadurch eine unter dem „ritterbürtigen" Adel des Landes bevorzugte Stellung.

Im Jahre 1562 überließen dieses Schloß die damaligen Besitzer, Jobst und Georg von Bismarck, welche dasselbe bis dahin in brüderlicher Eintracht bewohnt hatten, dem brandenburgischen Kurprinzen Johann Georg, Verweser des Bischofssprengels Havelberg, welcher Burgstall seiner Nachbarschaft mit dem Jagdschlosse Letzlingen und der vortrefflichen Jagdgründe wegen gern haben wollte, und tauschten dafür das Amt und Dorf Schönhausen nebst dem früheren Tempelherrnhause und einigen anderen Besitzungen ein, wiewohl sie sich von dem Erbe ihrer Väter schwer trennen mochten.

Hier auf Schönhausen, wohin nun die Bismarcks übersiedelten, entwickelte sich das Geschlecht, an allen bedeutenden Vorgängen im vaterländischen Leben rühmlich beteiligt, kräftig weiter, bis zu Anfang dieses Jahrhunderts, aus dem alten Stamme der junge Sproß, unser Otto von Bismarck, erwuchs, welcher denselben zu einer ungeahnten Blüte bringen sollte.

Es war im Hochsommer des Jahres 1806. Die alten Linden von Schönhausen begannen eben ihre dufterfüllten Kelche zu erschließen, als der damalige Gutsherr seine junge, ihm am 7. Juli in der Residenz angetraute Gattin in das Schloß seiner Väter heimführte. Ein gar stattliches Paar war es, welches von den Bewohnern des alten Rittersitzes mit hellem Jubel empfangen wurde: die Eltern unseres Helden.

Herr Ferdinand von Bismarck, dem von seinen im Heere dienenden Brüdern das Erbgut Schönhausen überlassen worden war, stand damals im 25. Lebensjahre. Auch er hatte bereits längere Zeit im Heere gedient. Als Knabe schon in das berühmte Rathenower Leibkarabinier-Regiment eingetreten, hatte er sich allen Zweigen des Dienstes und der strengen militärischen Zucht mit Eifer und Neigung hingegeben, er war z. B., wie er später gern erwähnte, jeden Morgen um Schlag vier Uhr zur Stelle gewesen, um den Karabiniers ihren Hafer zumessen zu lassen. In dem Feldzuge gegen Frankreich im Jahre 1792—93 war er dem preußischen Oberstkommandierenden, Herzog von Braunschweig, als Ordonnanzoffizier unterstellt gewesen und hatte sich als solcher durch Mut und Entschlossenheit namentlich in der Schlacht bei Kaiserslautern ehrenvoll bewährt. Nach Abschluß des unrühmlichen Baseler Friedens aber, der Preußen seine Besitzungen am linken Ufer des Rheines kostete und ihm seine unter Friedrich dem Großen errungene, machtgebietende Stellung unter den Völkern nahm, vermochte der junge Ferdinand von Bismarck kein Wohlgefallen am Soldatenleben mehr zu finden. Als das Regiment aus dem Kriege heimkehrte, erbat er bald darauf seinen Abschied, der ihm mit der Rangstellung eines Rittmeisters gewährt wurde. Der Gutsherr von Schönhausen und Rittmeister a. D. war von hoher, kraftvoller Gestalt. In dem edelgeformten Gesichte herrschte ein Zug heiteren Lebensmutes, jenes frischen Humors, dessen Quellen Gemütstiefe, Güte und Milde des Herzens sind. Da seine Erziehung eine vorzugsweise militärische gewesen, so fehlte ihm zwar eine höhere wissenschaftliche Bildung, doch ersetzten die Gewandtheit seines Geistes und die Ritterlichkeit seines Wesens diesen Mangel. In den besseren Gesellschaftskreisen von Berlin, in welchen der Gutsherr von Schönhausen, Ferdinand von Bismarck, alljährlich während einiger Wintermonate zu leben pflegte, genoß derselbe hohe Achtung, und seine oben bezeichneten Eigenschaften machten ihn zu einer allgemein beliebten Persönlichkeit.

In Berlin hatte Ferdinand von Bismarck seine Gattin kennen gelernt und das Herz der vielumworbenen jungen Schönheit gewonnen. Die von der Vorsehung zur Mutter unseres Helden Auserkorene hieß Luise Wilhelmine und war die jüngste Tochter des verstorbenen Königlichen Kabinettsrats Menken. Von der Natur mit reichsten Gaben ausgestattet, sowohl körperlich als geistig, besaß Wilhelmine Menken, die im Hause ihres Vaters eine äußerst sorgfältige Erziehung genossen, hervorragende Bildung. Ihr scharfer Verstand und ihre ausgezeichneten Kenntnisse verliehen ihr ein gewisses Selbstbewußtsein, das sich auch in ihren geistvollen Zügen aussprach. So zeigte sie sich, zur Jungfrau erblüht, als schöne, stolze Erscheinung, und in ihrem ganzen Wesen machte sich der Einfluß ihres hochgelehrten, feinsinnigen Vaters in erster Linie geltend.

Der Kabinettsrat Anastasius Ludwig Menken, der unserm Otto von Bismarck als seinem Enkel einen bedeutenden Anteil seiner genialen Anlagen zum geistigen Erbteil übermacht hat, stammte aus einer berühmten Leipziger Gelehrtenfamilie. Vier Mitglieder der Familie Menken hatten sich als namhafte Gelehrte bereits zu hohen Stellungen emporgearbeitet; Ludwig Menken war im preußischen Staatsdienst durch seine Verdienste zu großem Einfluß und Ansehen gelangt. Schon Friedrich der Große betraute ihn mit wichtigen Staatsgeschäften und zeichnete ihn durch königliche Gunst aus.

Unter dem unheilvollen Einfluß des aufklärungsfeindlichen, frömmelnden Ministers Wöllmer zur Zeit der Mißregierung Friedrich Wilhelms II. wurde der ehrliche, lichtfreundliche Menken zurückgedrängt; doch fand er an dem Kronprinzen einen Gönner und Beschützer, der, kaum auf den Thron gelangt, ihm eine seinen Kenntnissen und Fähigkeiten angemessene Stellung verlieh, indem er ihn zum Kabinettsrat ernannte. Menken war der Verfasser des ersten Erlasses, welchen der König Friedrich Wilhelm III. bei seinem Regierungsantritt an sein Volk richtete und der einen so außerordentlich wohlthuenden Eindruck hervorbrachte. Bald genoß der Kabinettsrat das unumschränkte Vertrauen seines königlichen Herrn, und die Wirksamkeit des edlen, freiheitlich gesinnten Mannes wurde für die Entwicklung Preußens von segensreichstem Einflusse. Er bestärkte den König in seinem Entschlusse, mit der pietistischen, heuchelnden Richtung Wöllmers zu brechen und eine offene und ehrliche Religionsanschauung zur Geltung zu bringen. In einer Verfügung vom 11. Januar 1798, welche wiederum den Kabinettsrat Menken zum Verfasser hatte, sprach der König seine religiösen Grundsätze öffentlich also aus: „Ich selber verehre die Religion, folge ihren beglückenden Vorschriften und möchte um vieles nicht über ein Volk herrschen, welches keine Religion hat; aber ich weiß auch, daß sie Sache des Herzens, des Gefühls und der eigenen Überzeugung sein und bleiben muß und nicht durch methodischen Zwang zu einem gedankenlosen Plapperwerk herabgewürdigt werden darf, wenn sie Tugend und Rechtschaffenheit fördern soll. Vernunft und Philosophie müssen ihre unzertrennlichen Gefährten sein; dann wird sie durch sich selbst bestehen, ohne die Autorität derer zu bedürfen, die es sich anmaßen wollen, ihre Lehrsätze künftigen Jahrhunderten aufzudringen und den Nachkommen vorzuschreiben, wie sie zu jeder Zeit und in allen Verhältnissen über Gegenstände, die den wichtigsten Einfluß auf ihre Wohlfahrt haben, denken sollen."

Wenn nach dieser Verfügung der verrufene Minister Wöllmer alsbald seine Entlassung nahm, so ist dies der Einwirkung Menkens zuzuschreiben. Sein segensreicher Einfluß blieb auch ferner bestehen und reichte bis in die Zeit der grundlegenden Stein=Hardenbergschen Schöpfungen zu Preußens Wiedergeburt. Äußerte sich Stein doch in höchst anerkennender Weise also über den vortrefflichen Staatsmann: „Der Kabinettsrat Menken war der einzige in der Umgebung des jungen Königs, welcher diesen wirklich liebte, und welchem dessen Größe und Bildung am Herzen lag, ein liberal denkender, gebildeter, feinfühlender und wohlwollender Mann von den edelsten Gesinnungen und Absichten, der das Wohl seines Vaterlandes wünschte und durch Anwendung liberaler und menschenfreundlicher Grundsätze fördern wollte." Der wohlgesinnte König wollte den edlen Menken in den Adelstand erheben; doch lehnte derselbe, stolz darauf, als Bürgerlicher zu so bedeutender Stellung gelangt zu sein, die Gnadenerweisung seines Fürsten ab. Leider zwang den vortrefflichen Mann sein durch übermäßige

Anstrengung angegriffener Gesundheitszustand frühzeitig seine Entlassung aus dem Staatsdienste zu nehmen. Er zog sich nach Potsdam zurück, wo er ein Haus und einen prächtigen Garten besaß. Dieser Garten, welchen der Kabinettsrat selbst angelegt hatte und sorgfältigst pflegte, war wegen seiner schönen Laubgänge und Blumenbeete, seiner rauschenden Springquellen und Kaskaden weithin berühmt und ein von Fremden und Einheimischen gern besuchter Ort. Auch die königlichen Kinder, der Kronprinz Friedrich Wilhelm und sein Bruder Prinz Wilhelm, pflegten unter Leitung ihres Erziehers Delbrück den Menkenschen Garten oftmals zu besuchen und sich an dem Blumenschmuck und den Springbrunnen zu ergötzen. Wie tiefen Eindruck der Aufenthalt hier in den prinzlichen Knaben hinterlassen hat, geht daraus hervor, daß der spätere König Friedrich Wilhelm IV. einmal äußerte, seine Lust an springenden Gewässern stamme aus jenen Tagen seiner Kindheit. Und sein Bruder, der König und Kaiser Wilhelm I., mag sich später beim Anblick seines treuen großen Staatsmannes wohl auch oft der Stunden erinnert haben, die er im Garten des Großvaters desselben verlebt hat. Menken starb 1801 im besten Mannesalter, bald nach seinem Abschiede aus dem Staatsdienst.

Das Schloß Schönhausen, in welches Ferdinand von Bismarck die Tochter jenes angesehenen Staatsmannes als Gattin heimführte, war außen wie innen von großer Einfachheit. Es erschien als schwerfälliger, viereckiger Bau mit einem Erdgeschoß und zwei Stockwerken und hatte weder Vortreppe noch Söller. Als Stammsitz eines alten Adelsgeschlechtes kennzeichneten ihn jedoch die Wappenschilder über dem Haupteingange; es waren die Wahrzeichen der Familie Bismarck und der Familie Katte, welcher letzteren die Gattin des Erbauers des Schlosses entstammte. Die Lindenbäume, welche mit ihren gewaltigen Laubkronen das Herrenhaus beschatteten, gaben demselben den Charakter des Altehrwürdigen. Die zahlreichen Zimmer des Schlosses hatte der junge Gutsherr aufs beste nach damaligem Geschmack neu herrichten und ausstatten lassen; Decken, Fries und Kamine zierte reiche Stuckarbeit. Es fehlte nicht an großen Gesellschaftszimmern wie an kleineren wohn=

lichen Räumen; das neben dem Schlafgemach liegende Bibliothekzimmer war für die neue Schloßherrin mit Geistesschätzen besonders reich ausgestattet worden. Alle Räume waren verhältnismäßig niedrig; doch bot das schöne Gartenzimmer im Erdgeschoß einen reizenden Ausblick auf einen vom Fuße der Schloßterrasse an sich weithin ausbreitenden Park mit Kieswegen, malerischen Baumgruppen, Blumenbeeten, Rasenflächen und sonstigen Schönheiten. Das Schloß lag einsam und dem Leben der großen Welt ziemlich fern, und Herr von Bismarck konnte wohl eine gewisse Besorgnis, ob sich seine junge, erst sechzehn Jahre zählende Gattin hier auf die Dauer glücklich fühlen würde, nicht unterdrücken. War dieselbe doch in den glänzendsten Verhältnissen aufgewachsen und in den Salons der vornehmsten und auserlesensten Kreise Berlins und Potsdams von Glanz und Pracht umgeben gewesen, und die anregendste und reizvollste Geselligkeit war ihr in Fülle geboten worden. Zudem stand sie ja in voller Blüte des ersten Jugendlebens und der Jugendlust.

Doch sollte Herr von Bismarck bald zu seiner Freude erfahren, daß seine Besorgnis ungerechtfertigt gewesen sei. Die ersten Monate verstrichen dem jungen Paare unter mancherlei Lustbarkeiten, teils auf Schönhausen, wo das alte Schloß der Gäste gar viele sah, teils auf den Gütern der benachbarten Adelsfamilien, die da wetteiferten, die Ankunft der jungen Freifrau zu feiern, welcher man wegen ihrer Schönheit und ihrer hohen Geistesgaben die bürgerliche Herkunft gern nachsah, was in jener Zeit der strengsten Vorurteile in den adligen Kreisen allerdings viel sagen wollte. Aber auch als die Flitterwochen des jungen Ehelebens verrauscht waren und der Ernst des Lebens an das verwöhnte Kind der Großstadt herantrat, zeigten sich die Früchte einer wahrhaft guten Erziehung, welche dasselbe im Elternhause genossen hatte. Die junge Hausfrau erwies sich der hohen Aufgabe, welche ihr gestellt war, als durchaus würdig und gewachsen. Ihr heller Verstand fand sich bald in die neuen Verhältnisse, und sie waltete ihres Amtes als Hausfrau und Gutsherrin zur Freude und Zufriedenheit ihres Gemahls wie zum Wohle ihrer Untergebenen.

Auch in den Tagen schwerer Prüfung, die nur zu bald den

Himmel dieses Eheglückes trübten, bewährte sich Frau von Bismarck in ihrer ganzen Tüchtigkeit.

Die unglücklichen geschichtlichen Vorgänge von 1806 und 1807 versetzten die Bewohner von Schönhausen nicht nur in tiefe Trauer, sondern brachten ihnen auch die unmittelbaren Schrecken des Krieges. Gleich den Botschaften an Hiob traf um die Mitte des Oktober 1806 Unheilkunde über Unheilkunde in der Altmark ein, um ihren Weg weiter durch das geängstigte Land zu nehmen.

Die Nachricht von Saalfeld, wo am 10. Oktober Louis Ferdinand, der mit hellem Blick das kommende Unheil Preußens vorausgeschaut, den Heldentod für das Vaterland gefunden hatte, mußte das junge herrschaftliche Paar auf Schönhausen besonders tief erschüttern, da es mit dem ritterlichen und geistvollen Prinzen in Berlin in vertraulichem Umgange gestanden hatte. Zwei Tage nach der verhängnisvollen Doppelschlacht von Jena und Auerstädt kehrte die Königin Luise auf ihrer Flucht in Tangermünde ein, um eine Nacht in dem dortigen Schlosse zu verweilen. Die treuen Altmärker beweinten mit ihr den Untergang des preußischen Kriegsheeres, dessen Trümmer in den nächsten Tagen vor den sie verfolgenden Siegern über die Elbe den östlichen Provinzen zu flohen.

Bald darauf erschienen die Feinde selbst. Marschall Soult schlug am 26. Oktober im fürstlichen Schlosse von Tangermünde, Schönhausen gegenüber auf dem linken Elbufer gelegen, sein Hauptquartier auf, während Streifbanden seines Heeres die Umgegend plündernd durchzogen. Auch Schönhausen blieb von der furchtbaren Heimsuchung dieser Horden nicht bewahrt. Wenn auch die Bewohner des Ortes im Dickicht des „Trüben", einem am Elbufer gelegenen Elsenbruche, eine Zufluchtsstätte fanden, wo sie Leib und Leben sicher zu bergen vermochten, so war doch ihr Eigentum den Feinden preisgegeben, die denn auch verheerend darin hausten.

Herr von Bismarck ward auf seiner Flucht von französischen Reitern ereilt, und nur mit größter Mühe und unter Aufbietung all seiner Überredungskunst gelang es ihm, seine junge Frau vor den Mißhandlungen jener rohen Gesellen zu schützen und das wertvolle Falben-Viergespann vor seinem Wagen in Sicherheit zu bringen. In seinem Schlosse trieben es andere Scharen unterdes um so toller. Alle Räume desselben wurden nach Wertgegenständen durchstöbert; und als man deren nur wenige fand, machten die Plünderer ihrer Wut darüber in der Weise Luft, daß sie das an einer Wand des Bibliothekzimmers hängende Bild des Stammbaums Bismarcks mit Säbelhieben und Bajonettstichen bearbeiteten und den in einem Winkel auf dem Boden des Gartenhäuschens versteckten Schullehrer des Ortes mutwillig ängstigten und ihm die blanken, vermeintlich silbernen Schnallen von den Schuhen schnitten, den Schäferei=Pächter Peter Schulze aber so arg mißhandelten, daß der Arme bald darauf an den erhaltenen Säbel= hieben starb.

Eine angstvolle, schauerlich=kalte Nacht mußte der Gutsherr mit seiner jungen Gattin und seinen Unterthanen in dem sumpfigem „Trüben" zubringen. Mußte man doch jeden Augenblick fürchten, das Dorf und den Gutshof in Flammen aufgehen zu sehen. Mit Zagen wagten sich die Flüchtlinge andern Tages in das von den Feinden verlassene Dorf zurück und sahen dort mit Thränen in den Augen die Greuel der Verwüstung. Manch heißer Racheschwur mag da in den Herzen der Geschädigten aufgestiegen sein, auch das Blut des jungen Edelmannes beim Anblick seines beschimpften Stammbaumes im grimmigen Zorn gewallt haben.

Ein Zeugnis von den Leiden der durch die Feinde geängstigten Be= wohner Schönhausens ist aus jener Schreckenszeit erhalten geblieben. Der ehrwürdige Geistliche des Ortes, Pfarrer Petri, gab der allgemeinen Stimmung Ausdruck, als er damals in sein Tagebuch folgende Worte schrieb:

„Seit dem Dreißigjährigen Kriege hätte kein feindlicher Fuß den ruhigen Winkel zwischen der Elbe und Havel betreten. Gott erhalte uns unsere Wohnungen, unsere Scheunen und unser Vieh, sonst wird das Elend grenzenlos. O goldener Friede, glückliche Ruhe, die wir so lange genossen, wann kehret ihr wieder?" —

„Dann, wenn Preußens edle Krieger mit Gott für König und Vaterland in Paris einziehen werden." Dieser Trostspruch ward von befreundeter Hand jenem Ausruf hinzugefügt. Der Spruch ist zu einem Prophetenwort geworden, er bezeugt, daß es an gläubigen Herzen nicht fehlte, die den Mut in jener trüben Zeit nicht verloren und andere durch ihr festes Vertrauen auf eine glückliche Zukunft stärken und aufrichten halfen.

Als Ferdinand von Bismarck zurückkehrte und die in seinem Schlosse angerichteten Verwüstungen erblickte, begab er sich mit bangem Herzen nach dem Park zu dem kleinen Gartenhäuschen, unter dessen Schwelle er sein Barvermögen, lauter blanke Goldstücke, vergraben hatte. Wie erschrak er, als er sah, daß die Erde ringsum tief aufgewühlt war. Er glaubte im ersten Augenblick nicht anders, als sein Gut sei verloren. Doch wie erstaunte er, als ihm Goldstücke in der aufgeworfenen Erde entgegenblinkten. Frohen Herzens las er dieselben auf, und siehe, es fehlte nicht eins. Unzweifelhaft hatten die Hunde, die Spur ihres Herrn suchend, den Erdboden aufgescharrt und dabei die Goldstücke herausgeworfen, glücklicherweise aber erst nach dem Besuche der Franzosen.

Den Bemühungen des Gutsherrn von Schönhausen gelang es, seine Schutzbefohlenen und sich vor der Wiederholung solcher Greuelscenen zu bewahren, indem er auf Verwendung bei dem französischen Oberbefehlshaber in Tangermünde eine Sicherheitswache für Schönhausen erhielt. Dennoch hielt er es nicht für unnötig, seiner Gattin für einige Zeit eine Zufluchtsstätte in Rathenow zu verschaffen.

Das Kriegsgetümmel verrauschte und wich endlich dem Frieden, jenem schmachvollen Frieden von Tilsit, dessen Abschluß und Wirkungen allen treuen Preußen das Herz bluten machten und der teuern Königin Luise das Herz brachen, aber auch den Antrieb gaben zu der großen Wiedergeburt Preußens, durch die allein die später folgende begeisterte Erhebung des Volkes zu dem herrlichen Befreiungskampfe ermöglicht wurde.

Alle diese Vorgänge fanden ihren lebhaften Widerhall in den Herzen der Bewohner von Schönhausen, die bei aller Trauer über das dem Vaterlande widerfahrene Unglück dennoch den Trost hatten, daß sie und ihr Gebiet trotz der vom übermütigen Franzosenkaiser in Deutschland vollzogenen Umwälzungen mit dem alten Stammlande vereinigt blieben. Lief doch die Grenze des von Napoleon zum Tummelplatz der Narrheiten seines Bruders Jerôme geschaffenen Königreichs Westfalen hart an der Gemarkung der Felder von Schönhausen hin.

Auch noch andere Wolken als die des allgemeinen vaterländischen Unglücks trübten das stille Familienleben des jungen Paares auf Schönhausen. Die Freude, welche ihm durch die Geburt eines Knäbleins beschert wurde, währte nur kurze Zeit. Der kleine Alexander Friedrich Ferdinand von Bismarck starb schon in seinem dritten Lebensjahre um die Weihnachtszeit des Jahres 1809. Sein Grabhügelchen findet der Besucher des Schloßgartens von Schönhausen, von grünendem Gesträuch umgeben und mit einem Kreuze von Gußeisen geschmückt, noch heute. Die sinnige und zugleich rührende Inschrift erzählt von der Trauer, welche die Eltern bei dem Verluste ihres Erstgebornen empfanden. Dieselbe lautet: „Er war die Freude und die Hoffnung seiner Eltern, die er nur durch seinen Tod betrübte." Auch an dem zweitgeborenen Kinde, einem Töchterchen namens Luise Johanna, mußte das junge Paar auf Schönhausen nach wenigen Jahren den gleichen Schmerz erleben. Doch ward den Trauernden Ersatz gegeben. In den thränenreichen Tagen, da das deutsche Volk den Tod der Königin Luise beweinte, am 24. Juli 1810, schenkte Frau von Bismarck ihrem Gatten abermals einen Sohn, der am Leben blieb, wuchs und gedieh. Es war der ältere Bruder unseres Helden, Bernhard von Bismarck, nachmals Landrat im Kreise Naugard in Pommern, Königlicher Kammerherr und Geheimer Regierungsrat.

Als im Frühling des Jahres 1813 das Volk aufstand und der Sturm losbrach, begann für die Bewohner von Schönhausen ein neues, frisches Leben. Wie jeder wackere deutsche Mann voll Begeisterung zur Waffe griff, der schmachvollen Knechtschaft ein Ende machen zu helfen, stellten auch die Bismarcks ihre Kräfte in den Dienst des Vaterlandes. Den drei älteren Brüdern Ferdinand von Bismarcks war es vergönnt, auf den Ruf ihres Königs zur Fahne zu eilen, um freudig mit ins Feld zu ziehen.

Den Schloßherrn von Schönhausen zwangen die Verhältnisse daheim zu bleiben und die väterlichen Güter zu verwalten. Er sammelte aber die Männer des Landsturms aus der Altmark um sich und leitete deren Ausrüstung und Waffenübungen, und so fand auch er Gelegenheit, seinen patriotischen Eifer zu bethätigen.

Keine unwürdige Aufgabe war es, welche ihm und seiner Schar zufiel.

Galt es doch, die heimatlichen Fluren gegen die Wut der über die Elbe abziehenden Trümmer des Franzosenheeres wie vor den Ausschreitungen der diesem auf dem Fuße folgenden Kosaken=, Baschkiren= und Kal= mückenschwärme der verbündeten Russen zu schützen. Und es widerfuhr diesen Männern des altmärkischen Landsturms die Ehre, mit der auserlesensten Schar des preußischen Heeres in enger Waffenbrüder= schaft Seite an Seite zu stehen.

Lützows wilde verwegene Jagd kam im Mai des genannten Jahres nach Schönhausen, um dort und in den umliegenden Dörfern mit dem unter Bismarcks Führung stehenden Landsturm die Elbübergänge zu bewachen. Das alte ehrwürdige Gotteshaus von Schönhausen wurde zum Schauplatz einer erhebenden Feier. Täglich kamen neue Freiwillige, auch aus den noch von den Feinden besetzten Ländern jenseits der Elbe, um sich dem Lützowschen Freikorps anzuschließen, und eines Tages fand in der Kirche von Schönhausen die feierliche Einsegnung der Neueingetretenen statt.

Es war eine denkwürdige Stunde, welche zu ergreifender Handlung in dem schlichten Gotteshause eine seltsame Schar von Männern ver= einigte, zusammengesetzt aus Deutschlands erster Jugendblüte und dem alten Stamm des treubewährten Märkergeschlechts, alle durch= loht von derselben feurigen Begeisterung für die gemeinsame Sache, die Befreiung des Vaterlandes aus der Schmach der Fremdherrschaft. Dort sah man aus der Menge hervorragen das Haupt des wackeren Turnvaters Jahn, des biederen Sohnes der Altmark, neben dem Jünglingsantlitz des Sängers feuriger Freiheitslieder, des aus Öster= reichs Kaiserstadt herbeigeeilten Theodor Körner, hier den in Jugend= schönheit prangenden Friedrich Friesen neben dem im ernsten Mannes= alter stehenden Führer der schwarzen Schar, Major von Lützow. Wie mag manchem der graubärtigen Altmärker das Herz in der treuen Brust gar jugendfrisch gepocht haben, als nach der erhebenden An= sprache des Predigers Petri die jungen schwarzen Gesellen Lützows sich durch feierlichen Eidschwur dem Tode für die Freiheit des Vater= landes weihten und unter Orgelklang und Glockengeläute der Choral in Körners markigen Worten aus dem Munde der Freiheitskämpfer erbrauste:

„Wir treten hier im Gotteshaus
Mit frommem Mut zusammen.
Uns ruft die Pflicht zum Kampf hinaus,
Und alle Herzen flammen.
Denn was uns mahnt zu Sieg und Schlacht,
Hat Gott ja selber angefacht.
Dem Herrn allein die Ehre!"

Die heißen Sommertage folgten und mit ihnen die heißen Schlachten auf Schlesiens, Böhmens und Sachsens Gefilden. In banger Spannung lauschte man in Schönhausen auf jede Kunde, die vom Kriegsschauplatze kam. Jubelnd vernahm man die Nachrichten von den ersten Siegen der verbündeten Heere, besonders aber von den ruhmreichen Thaten des Bülowschen Korps bei Großgörschen und Großbeeren, wodurch Napoleons verwegener Anschlag, der die Mark und Preußens Hauptstadt bedrohte, vereitelt wurde. Die Botschaft von der siegreichen Völkerschlacht bei Leipzig entfachte auch an den Ufern der Elbe helllodernde Freudenfeuer.

Ob auch jener Siegeskunde eine Trauernachricht auf dem Fuße folgte, die, daß der Bruder unseres Ferdinand von Bismarck, der Major Leopold von Bismarck, bei Möckern die Todeswunde erhalten habe und er derselben wenige Tage darauf in Halle erlegen sei, so vermochte der Schmerz darüber die Siegesfreude der begeisterten Vaterlandsfreunde auf Schönhausen wohl herabzustimmen, aber nicht ganz zu dämpfen. Mußte doch fast jede Familie im großen deutschen Vaterlande in jenen Tagen ihr Opfer für die große heilige Sache der Freiheit bringen, und war es doch gar lindernder Balsam für die wunden Herzen in der Heimat, wenn man fast täglich von neuen, schönen Waffenerfolgen der tapferen Kriegsheere hörte. Wie erhebend wirkte die Botschaft, daß das Vaterland endlich von den feindlichen Bedrückern befreit sei, daß man den Fliehenden nachzog über den Rhein, sie auf dem eigenen Grund und Boden vor sich hertreibe, der stolzen Hauptstadt Frankreichs zu!

Als das Kriegsgewitter ferner und ferner verhallte und die heimatlichen Fluren nicht mehr bedroht waren, da legte der Landsturm die Waffen aus der Hand und kehrte zu friedlicher Beschäftigung in die

Hütten zurück. Auch Ferdinand von Bismarck konnte sich nun ganz wieder seinen häuslichen Pflichten widmen.

In dieser Zeit aber, da die Wogen des vaterländischen Lebens hoch aufschlugen, drängte es ihn und seine Gattin, welche den regsten Anteil an den großen Ereignissen der Zeit nahmen, fort von ihrem stillen Landsitze. Sie wünschten dem Mittelpunkte des großen Lebens nahe zu sein; deshalb siedelten sie zur Winterzeit, wenn es die Verhältnisse gestatteten, nach Berlin über. Hier ward ihr Haus bald zu einem Sammelpunkte bedeutender, einflußreicher Persönlichkeiten. Staatsbeamte, Gelehrte, Künstler, Adlige und Bürgerliche versammelten sich hier, und in diesem geselligen Kreise wurden nicht nur öffentliche Angelegenheiten besprochen, sondern man widmete der Sache des Vaterlandes reges Interesse durch Pflege der Verwundeten, durch Sammlung von Unterstützungen und Kundgebungen, worin man die Hoffnungen und Wünsche des Volkes zum Ausdruck brachte, wie letzteres namentlich im folgenden Winter, da der Kongreß in Wien tagte, vielfach geschah.

In diesem geselligen Kreise fühlte sich Frau Wilhelmine von Bismarck, die begeisterte Vaterlandsfreundin, ganz in ihrem Elemente. Sie war ihrer Schönheit und ihrer hohen Bildung wegen stets eine gefeierte Persönlichkeit. Waren in früheren Jahren die Abende in ihrem Hause mehr einer heiteren Geselligkeit gewidmet gewesen, wobei sie als Meisterin des Schachspiels und musikalische Künstlerin geglänzt hatte, so traten jetzt in der ernsten Kriegszeit Gespräche und Beratungen über die politischen Angelegenheiten in den Vordergrund. Mit Wohlgefallen erinnerte sie sich jener Zeit des interessanten geselligen Verkehrs im Hause ihres Vaters, wo die hervorragendsten Männer Berlins aus- und eingegangen waren. In ihren politischen Anschauungen stand sie nach dem Vorbilde ihres Vaters ganz auf der Seite der liberalen Volksfreunde. — Ihr ganzes Fühlen und Denken war nach abgeschlossenem Frieden nur darauf gerichtet, wie in den Verhandlungen des Wiener Kongresses der Sache der Volksrechte und der freiheitlichen Staatsverfassung, welche die preußischen Staatsmänner erstrebten, Rechnung getragen werden würde.

Im Winter des Jahres 1815 zog sich das Bismarcksche Paar früher nach Schönhausen zurück, als es sonst zu geschehen pflegte. Es wurde ein frohes Familienereignis erwartet, vor dem zunächst das Interesse an den großen Dingen der Welt in den Hintergrund treten mußte. Am 1. April obengenannten Jahres trat das Erwartete ein.

Um dieselbe Zeit, als Preußens Heer zum zweitenmal gegen Frankreich zog, um mit dem Schwerte die verhängnisvollen Folgen der damaligen schwachmütigen oder arglistigen deutschen Politik abzuwehren, gab Frau Wilhelmine von Bismarck ihrem dritten Sohne das Leben: welcher in der Taufe die Namen Otto Eduard Leopold erhielt.

Der kleine Weltbürger, dessen erster Lebensschrei an jenem 1. April 1815 zum Entzücken des Elternpaares in den Räumen des alten Rittersitzes Schönhausen erklang, wurde von der Vorsehung zu hohen Dingen auserkoren. Er ist der große Staatsmann Otto von Bismarck geworden, dessen überlegenen Weisheit und genialen Kraft es gelang, die Schuld vollkommen zu sühnen, welche zur Zeit seiner Geburt am deutschen Vaterlande begangen wurde. Zum schönen Ausdruck bringt diesen Gedanken der Dichter G. Schwetschke in seiner „Bismarckias", worin er singt:

> „Deine Stimme, kleiner Junker,
> Hörte damals nur Schönhausen;
> Später hört sie Preußen, Deutschland,
> Dem Posaunenschall vergleichbar
> Hört sie die erstaunte Welt."

Folgen wir nun dem Entwicklungsgange dieses Helden!

III.

Jung Bismarck.

„He kenn den Vagel an den Slag,
Leep gern herum den ganzen Dag
Un flog ok dann und wann mal sach
En beten ut den Swengel.
So wuß he op, war grot und stark,
En jungen Eekboom in de Mark. —
Schafft mal för den en Riesenwark,
Sin Kraft daran to öben.
De 's al to grot för Vaders Got,
För den is kum de Welt to grot;
Wo is de Platz, um Kraft un Mot
Vun dissen Mann to pröben?" — —

Klaus Groth.

Die Kindheit ist die Knospe des Mannesalters genannt worden. Wer das Leben Otto von Bismarcks mit kundigem Auge überschaut, wird die Richtigkeit dieses Ausspruches von neuem bestätigt sehen. Die wenigen Züge und Lebensäußerungen, welche aus dem Knabenalter des Helden bekannt geworden sind, lassen deutlich genug schon die Ansätze zu jenen genialen Eigenschaften erkennen, die der große Mann später zu so herrlicher Entfaltung gebracht hat. Ein gütiges Geschick hat dieses junge Menschenreis in einen gesunden, fruchtbaren Boden gestellt und ihm Sonnenschein und Regen im rechten Maße zu teil werden lassen, so daß sich alle Gaben und Triebe, welche die keimende Seele in sich barg, naturgemäß und kräftig entwickeln konnten.

Neben dem schönen harmonischen Familienleben in seinem Elternhause übte der Verkehr mit der freien frischen Gottesnatur den wohlthätigsten Einfluß auf Otto von Bismarck aus. Ist doch die Natur die eigentliche Lebensatmosphäre der Kindheit, und werden doch nach dem Ausspruch weiser Pädagogen ohne den Einfluß der Natur niemals ganze, wahre Menschen erzogen.

Ein Jahr nach der Geburt unseres Helden gelangten dessen Eltern durch Erbvergleich in den Besitz der Güter Kniephof, Külz und Jarchelin im Naugarder Kreise in Pommern. Sie siedelten nun von der Altmark nach Pommern über, um ihren Wohnsitz auf Kniephof zu nehmen, während sie die Verwaltung des alten Stammgutes Schönhausen ihrem Gutsinspektor Bellin überließen. Der alte Rittersitz Kniephof, der Otto von Bismarck zur neuen Heimat wurde, hat eine schöne, freundliche Lage in fruchtbarer Gegend. Das Herrenhaus dort war freilich noch einfacher als das Schönhausener, der Park hingegen schöner und größer, und der Karpfenteich in demselben erfreute sich seines Fischreichtums wegen in der ganzen Gegend einer gewissen Berühmtheit. Ein wiesenreiches Flußthal, das der Zampel, zieht sich, von Erlen, Ulmen und Weidengebüsch lieblich eingefaßt, durch die Feldmark hin. Und wenn die Eltern ihrem alten Stammgute während der Sommerzeit gelegentlich auch einen längeren Besuch abstatteten und nach alter Gepflogenheit im Winter einige Monate in Berlin lebten, so war doch Kniephof mit seiner schönen Umgebung der eigentliche Tummelplatz der Jugendspiele Ottos. Hier nahm ihn die gütige Allmutter Natur in ihre Erziehungsanstalt, zeigte ihm die Fülle ihrer Schönheiten in Garten, Feld und Forst, offenbarte seiner ahnenden Kindesseele ihre tiefen Geheimnisse in Baum und Busch, Fluß und See. Das Kommen und Scheiden des Tages, der Jahreszeiten, die hehre Pracht des Sonnen- und Mondaufganges, die Schauer der stillen Nacht, die Schrecken eines Gewittersturmes erfüllten seine Phantasie mit großen und wunderbaren Bildern. In diesen beiden stärkenden Lebenselementen, Familie und Natur, entwickelte sich der Knabe an Leib und Seele auf das beste. Er war ein Bild der Frische und Gesundheit und zeigte in seinem Wesen etwas von jenem urwüchsig Täppischen, wie es die Sage von der Kindheit Jung Siegfrieds, Klein Rolands und anderer Helden der Kraft berichtet. Klein Bismarck trollte und tollte lustig in und um Kniephof umher. Er kannte bald jeden Vogel im Busch und Baum nicht nur an den Federn, sondern auch am Fluge und am Gesang, wie er das Wild an der Fährte erkannte. Oft machte er den Karpfen im Teiche seine Aufwartung; und nicht lange, so stand er im vertraulichsten Verkehr mit den stummen Bewohnern des Gewässers und hatte seine helle Freude daran, wenn dieselben nach den ihnen zugeworfenen Futterbrocken schnappten und einander darum jagten. Eines Tages, als er mutterseelenallein an den Teich gegangen war und sich wiederum mit seinen Lieblingen im Wasser beschäftigte, ließ ihn sein kindlicher Eifer aller Vorsicht vergessen, und ehe er sich's versah, lag er in dem ziemlich tiefen Teich. Welchem glücklichen Umstande er seine Rettung verdankte, wußte er selber nicht zu sagen. Doch Kinder haben eben ihre Engel. Triefend, mit Schlamm und Schilf überdeckt, kam er, ganz gleichmütig, als ob ihm weiter nichts Besonderes geschehen wäre, bald nach seinem Unfall im Elternhause an; nur klagte er, daß ihm entsetzlich kalt sei.

Für tapfere Thaten und Heldengröße scheint unserm Helden früh= zeitig das Verständnis aufgegangen zu sein. In folgendem Vorfall gab er in seiner Weise den Beweis dafür. Zu den öfter wiederkehrenden Gästen des Bismarckschen Hauses in Kniephof gehörten auch viele Offiziere der benachbarten Garnisonstädte, deren blanke Uniformen der kleine Otto stets bewunderte. Eines Tages nahm der als Hausfreund auf Kniephof verkehrende Major von Schmeling an der Mittagstafel teil; dieser, Ritter des Eisernen Kreuzes und in den Freiheitskriegen verwundet, trug noch den linken Arm in der Binde. Otto, der mit seinem Bruder Bernhard an einem Nebentische speiste, verließ den von seinen Feldzugserlebnissen erzählenden Major kaum mit einem Blicke; mehr noch als die glänzende Uniform erregte heute der verwundete Arm des Kriegsmannes und das Eiserne Kreuz auf dessen Brust das Interesse des Kleinen. Plötzlich sprang dieser von seinem Stuhl auf, trat auf den Major zu, stellte sich in straffer, etwas breitbeiniger Haltung, die Hände in die Seiten gestemmt, vor den Major hin und richtete mit leuchtenden Augen die Frage an ihn: „Ist Er von einer Kanonenkugel geschossen?"

Die Sprache unseres genialen Staatsmannes hat in mancher gewaltigen Redeschlacht durch Bilderschmuck, durch Trefflichkeit des Ausdrucks und durch wuchtige Macht die Hörer zur Bewunderung hingerissen; doch ist es auch bekannt, daß sie des glattfließenden Stromes entbehrt und mehr dem über Felsgeröll dahinrauschenden Sturzbache gleicht. Auch diese Eigenheiten der Sprache Bismarcks, Vorzüge wie Mängel, wurzeln in der Kindheit desselben. Während die ursprüngliche Naturanschauung des Knaben der Redeweise des Mannes den Vorrat an schönen und plastischen Bildern lieferte, hatte derselbe auch allezeit mit einer gewissen Unbeholfenheit zu kämpfen, welche schon der kindlichen Zunge eigen war. Es wird berichtet, daß der kleine Otto lange mit der Aussprache des L und R auf gespanntem Fuße gestanden hat. Vielfach war er deswegen der Neckerei seines älteren Bruders ausgesetzt, so beispielsweise, wenn er aus seinem Bilderbuche die Kinderfabel vom Bären und den Bienen in folgender Weise deklamierte:

„Honna, ihr Bienen, bummt der Bär,
Gneich gebt mir euren Honig her!" — —

Daß er damals auch in der deutschen Grammatik nicht gerade ein großer Held gewesen ist, geht aus folgendem hervor: Einmal nahm ihn die Mutter ins Verhör und fragte: „Otto, was hast du gegessen? Du riechst nach Medizin?" Der Kleine besann sich ein Weilchen und antwortete: „In Vaters Stube stand eine Flasche, die hab' ich an den Mund genommen; getrunken hab' ich aber nicht davon, weil sie zu sehr stankte."

Tritt schon aus diesem Beispiel ein Zug zur Wahrhaftigkeit und Offenheit, wie er dem großen Diplomaten stets in seinem späteren Leben zur Zierde gereicht hat, deutlich hervor, so zeigt sich diese edle, echt deutsche Tugend in einem andern Ereignisse aus der Kindheit desselben in noch glänzenderem Lichte. Eines Abends, als er gekommen war, der Mutter „gute Nacht" zu sagen, fragt ihn dieselbe: „Otto, hast du auch dein Süppchen gegessen?" Otto schweigt und steht einen Augenblick nachdenkend da; dann wendet er sich plötzlich um und stürmt hinaus. Gleich darauf aber kehrt er mit einem entschiedenen „Ja, Mama!" zurück. Den Abend über war er mit so vielen für seinen kindlichen Geist äußerst wichtigen Dingen beschäftigt gewesen, und es war seinem Gedächtnis entschwunden, daß er seine Abendmahlzeit schon gehalten hatte. In Zweifel darüber war er in die Küche hinaus geeilt zu seiner Wärterin Lotte Schmeling, die um die Sache wissen mußte, und hatte sich von dieser Gewißheit geholt. Auf eine bloße Vermutung hin hatte er die Frage seiner Mutter nicht beantworten wollen.

Nach dem Ausspruche einer der Familie Bismarck nahe verwandten Dame war „der Vater das Herz, die Mutter der Verstand des Hauses". Dieses Wort giebt nicht bloß ein Bild von dem Verhältnis der Eltern zu einander, sondern es kennzeichnet auch den Einfluß, den sie auf die Erziehung ihrer Kinder ausgeübt haben. Der gutmütige Herr Rittmeister von Bismarck war gegen seine Kinder die Zärtlichkeit und Nachsicht selber; besonders helle Freude hatte er an seinem Jüngsten, unserm Otto, sogar oft an den kleinen Unarten des hübschen, aufgeweckten Knaben. Einst als dieser an seinem Kindertischchen auf die Mittagssuppe wartend dasaß, mochte ihm wohl die Zeit etwas lange währen. In seiner kindlichen Ungeduld nahm er bald eine Haltung an, wie sie für ein wohlerzogenes Bürschlein wenig passend ist. Den Rücken halb nach dem Tische der Eltern gewendet, die Kniee gegen die Tischplatte gestemmt, ließ er die Beinchen in taktgemäßen Pendelschwingungen hin= und herbaumeln. Die Frau Mama, dies bemerkend, steht im Begriff, dem kleinen zukünftigen Staatsmann wegen seiner wenig parlamentarischen Haltung einen Ordnungsruf zu erteilen; doch der gute Herr Papa wendet die Rüge ab; ehe die Mutter zu Worte kommt, ruft er im weichsten Tone ihr zu: „Minchen, sieh doch den Jungen, wie er dasitzt und mit den Benekens baumelt!"

Die etwas weitgehende Nachsicht des Vaters hat wohl mit dazu beigetragen, daß Frau von Bismarck, so lieb sie ihre Söhne hatte, darauf drang, dieselben so frühzeitig als möglich behufs einer zweckmäßigen Erziehung aus dem Hause zu geben. So kam denn Otto, als er sechs Jahre alt war, in die Plamannsche Erziehungsanstalt zu Berlin, wo sich sein älterer Bruder Bernhard bereits seit einem Jahre befand. Für die Wahl dieser Anstalt war bei Frau von Bismarck wohl folgendes noch mit maßgebend:

Ihr Vater war ein begeisterter Verehrer des großen Schweizer Volkspädagogen Pestalozzi gewesen, und wie neuerdings aus den im Geheimen Staatsarchiv aufbewahrten Akten des Oberschul-Kollegiums dargethan worden ist, hat der vortreffliche Staatsmann in Übereinstimmung mit dem Minister Stein seinen ganzen Einfluß aufgeboten, daß die bald nach dem Regierungsantritt Friedrich Wilhelms III. in Aussicht genommene Verbesserung sämtlicher preußischer Schulen zwecks einer wahren „Nationalerziehung" nach den Grundsätzen der Pestalozzischen Methode geschehe, „weil diese", nach seinen Worten, „die Selbstthätigkeit des Geistes erhöhe, den religiösen Sinn und alle edleren Gefühle des Menschen anrege, das Leben in der Idee befördere und den Hang zum Leben im Genuß mindere und ihm entgegenwirke".

Die Plamannsche Erziehungsanstalt für Knaben, welche sich damals in der Wilhelmstraße Nr. 139 befand, war zur Zeit der Erhebung Preußens nach Pestalozzischen Grundsätzen errichtet worden, und unter der Mitarbeit begeisterter Vaterlandsfreunde wie Ludwig Jahn und Friedrich Friesen hatte sie bald einen hohen Ruf erlangt. Die vornehmsten Adelsfamilien, besonders die der Mark Brandenburg und Pommerns, vertrauten ihre Söhne der Anstalt an.

Über die Ankunft Otto von Bismarcks im Plamannschen Hause liegt der Bericht eines Mannes vor, welcher damals mitten unter der Knabenschar sich befand, die den neuen Zögling daselbst zuerst begrüßte. Dieser Gewährsmann schreibt:

Wir befanden uns auf dem Mittelflur, als die nach der Straße führende Hausthür sich aufthat und der Kutscher des Herrn von Bismarck in dem damals üblichen weiten Mantel mit lang herabhängendem Rundkragen eintrat, Otto, gleichfalls in einen solchen Mantel gehüllt, auf dem Arme tragend. Er war schon damals ein hochaufgeschossener Knabe und ragte weit über das Haupt des Kutschers hinaus. Wir eilten auf Otto zu, aber er verzog keine Miene und sah nur mit imponierendem Ernst von oben herab auf uns nieder. — „Wie kommt es nur" — diese Frage knüpft der Erzähler an jene Mitteilung —

„daß dieses Bild mir nach mehr als fünfzig Jahren klar im Gedächtnis geblieben ist, dieses Bild eines Knaben, von dem ich sonst aus jener Zeit nichts, durchaus gar nichts weiß? — War das eine Ahnung davon, daß er einst so hoch über uns gestellt sein werde?"

Es war für den noch in so zartem Alter stehenden Otto von Bismarck nicht leicht, sich in die neuen Verhältnisse einzuleben. In der Plamannschen Erziehungsanstalt herrschte spartanische Einfachheit und Strenge. Morgens Punkt sechs Uhr wurden die Zöglinge geweckt. Das Frühstück bestand aus Milch und Brot. Nach kurzer Morgenandacht begann um sieben Uhr der Unterricht. Um zehn Uhr eine halbstündige Pause, in welcher die Knaben sich im Garten erholen und ihr zweites Frühstück verzehren konnten, welches aus Brot mit Salz und Obst bestand. Das Mittagsessen wurde um zwölf Uhr von Lehrern und Schülern gemeinschaftlich im großen Saale eingenommen; Frau Direktor Plamann und eine Nichte derselben trugen die Speisen selbst auf. Die Kost war überaus einfach, aber nach den späteren Aufzeichnungen eines Zöglings kräftig, gut zubereitet und reichlich. Wer an der ihm zugeteilten Portion nicht genug hatte, kam mit seinem Teller zur Frau Direktor und bat um mehr. Knaben aber, welche ihre Portionen nicht aufessen konnten oder wollten, mußten nach Tische mit ihren Tellern so lange auf der Gartenterrasse stehen, bis sie den Rest verzehrt hatten. Täglich pflegten drei bis vier Knaben ihren Mitschülern das Schauspiel zu geben, daß sie mit ihren Tellern dort aufgestellt wurden. Auch Otto von Bismarck gehörte wohl zu diesen. Er hat im späteren Mannesalter des öfteren von den Gerichten der Plamannschen Mittagstafel erzählt, besonders von dem „elastischen Fleisch", das nicht gerade hart, aber so gewesen sei, daß der Zahn nicht damit fertig werden konnte. Und Mohrrüben! — Mit Widerwillen hat der Fürst Bismarck später dieses Gerichtes gedacht: „Roh aß ich sie recht gern, aber gekocht und harte Kartoffeln darin, viereckige Stücke!" Von zwei Uhr nachmittags ab dauerten die Lehrstunden bis zur Vesper um vier Uhr. Es gab wieder Milch und Brot mit Salz. Bis zur Abendbrotzeit wurden nun die aufgegebenen Arbeiten erledigt oder Spiele im Freien vorgenommen. Das Abendbrot bestand in der Regel in Warmbier und belegten Butterbroten. Die Unterrichtszeit würde den Schülern oft sehr lang geworden sein, wenn sie nicht durch zwei Stunden Turnen gekürzt worden wäre. Diese Stunden waren stets die größte Erholung für sie, und ganz besonders fesselte der Fechtunterricht bei dem Lehrer Ernst Eiselen.*)

Otto von Bismark konnte seine gleich beim Eintritt in die Anstalt bewiesene Zurückhaltung gegen die Genossen lange nicht überwinden, wie er an der Lebensweise und den Gebräuchen erst nach und nach Gefallen zu finden vermochte. Die zwiefache Trennung von Vater und Mutter und von den trauten Tummelplätzen seiner ungebundenen Jugendspiele lag ihm anfangs zu schwer auf der Seele. Dazu war es Frühlingszeit, als er in die Anstalt eintrat, und er fühlte sich in den Mauern der Stadt während der schönen Jahreszeit gleich einem gefangenen Vöglein. Und wenn er bei den gemeinschaftlichen Spaziergängen vor den Thoren Berlins einmal seinem Gefängnis entflohen war, dann erwachte die Sehnsucht nach der ländlichen Heimat in seiner kindlichen Seele mit solcher Gewalt, daß ihm beim Anblick eines auf dem Felde pflügenden oder säenden Landmannes die Thränen in die Augen traten.

Doch wurde auch dieser Zustand überwunden. Daß dies früher geschah, als es Otto von Bismarck vielleicht selbst gehofft hatte, bewirkte das Verhalten seiner älteren Mitschüler, das seine ganze Kraft und Standhaftigkeit herausforderte. Die Neuaufgenommenen hatten in der Anstalt ihren Genossen gegenüber anfangs einen schweren Stand. Dem Charakter der in der Anstalt geltenden Erziehungsgrundsätze gemäß, trugen die Knaben im ganzen ein ziemlich rauhes Wesen gegen einander zur Schau; namentlich waren die Neulinge vielfach eines schroffen Benehmens seitens der Älteren ausgesetzt und mußten sich gewissen herkömmlichen, nicht gerade sanften Einweihungsgebräuchen beugen. Otto von Bismarck aber setzte diesem Herkommen, als es an ihm geltend gemacht werden sollte, entschiedenen Widerstand entgegen. Dies schien den anderen Knaben geradezu unerhört. Da ihm sein zurückhaltendes

---

*) Vergleiche Ernst Krigars Schrift: „Kleine Mitteilungen aus der Jugendzeit des Fürsten Bismarck."

Wesen überhaupt als Unverträglichkeit oder Hochmut ausgelegt wurde, so war bald die Mehrzahl der Mitgenossen gegen ihn eingenommen, und es bildete sich eine förmliche Verschwörung gegen den Widerspenstigen, der so ganz anders war, als sich bisher Neulinge der Anstalt gezeigt hatten. Bei der nächsten Gelegenheit sollte er dafür büßen.

Es war zur Sommerzeit, und die Zöglinge wurden täglich bei gutem wie bei schlechtem Wetter nach dem „Schafgraben" zum Baden geführt. Hier hieß es vor allem Mut zeigen. Wehe dem, der sich nicht freiwillig Hals über Kopf ins Wasser stürzte und nur die geringste Furcht verriet. Der Lehrer nahm einen solchen Zaghaften auf seine Schultern und warf ihn dann an der tiefsten Stelle, natürlich kopfüber, ins Wasser. Die Mitschüler hatten die Erlaubnis, denselben, nachdem er wieder emporgekommen war, noch mehrmals unterzutauchen, bis er alle Furcht überwunden hatte und sich nicht mehr wasserscheu zeigte. Die Feinde Otto von Bismarcks freuten sich auf den Augenblick, in welchem dieser seine Taufe im Schafgraben erhalten sollte. Alle hatten sich vorgenommen, ihn tüchtig zu bearbeiten, alle standen schon gerüstet am Graben, als Bismarck mit der größten Kaltblütigkeit an den Rand desselben trat, sich hineinstürzte, untertauchte und am jenseitigen Ufer wieder emporkam. Ein allgemeines „Ah" folgte dieser Überraschung; keiner wagte es mehr, den kühnen Taucher zu berühren.

Wie oft hat Otto von Bismarck in seinem späteren Leben vor einem ähnlichen Wagnis wie hier am „Schafgraben" gestanden! Doch stets hat er sich als der kühne und meisterhafte Schwimmer gezeigt, der die Pläne seiner Feinde zu schanden werden ließ.

Otto hatte sich durch jene mutige That mit einem Schlage die Herzen aller seiner Mitschüler gewonnen. Hatte der hübsche Knabe mit der hohen Stirn und den sinnigen Augen durch seinen festen Willen schon vorher die besseren Elemente unter den Anstaltszöglingen für sich eingenommen, so nötigte seine Entschlossenheit jetzt auch seinen Gegnern allgemeine Achtung ab, welche stetig zunahm, da sich Otto unter der Leitung vortrefflicher Lehrer nach und nach auch zu einem Meister in der Kunst des Turnens und Fechtens ausbildete.

Auch in den wissenschaftlichen Fächern machte Otto von Bismarck die erfreulichsten Fortschritte, so daß er in einzelnen Unterrichtszweigen bald manchen älteren Mitschüler überholte. Die begeisternde Art, wie in der Anstalt Geschichte, namentlich vaterländische Geschichte, gelehrt wurde, entflammte sein Herz für diesen Gegenstand ganz besonders, und die auf diesem Gebiete gewonnenen Eindrücke waren von bleibendem Einflusse auf sein späteres Fühlen und Denken. Von dem Geist, der die Erziehungsanstalt durchwehte, zeugt in beredter Weise ein anmutiges Bild, welches zur Sommerzeit während der Freistunden der Zöglinge im Garten der Anstalt oft zu schauen war.

Zu Weihnachten hatte einer der Zöglinge von seinen Eltern „Beckers Erzählungen aus der alten Welt" zum Geschenk erhalten; das Buch wurde bald so fleißig gelesen, daß das eine Exemplar lange nicht ausreichte, aller Wißbegierde zu stillen. Bald hatte sich denn auch eine größere Zahl von Schülern dies Buch von ihren Eltern schenken lassen. Jetzt wurde der Trojanische Krieg vorgenommen. Der erste, welcher diesen ganzen Teil des Buches fast auswendig konnte, war Otto von Bismarck. Am Ende des Anstaltsgartens, nach der jetzigen Königgrätzer Straße zu, stand ein großer schön gewachsener Lindenbaum. Es war der einzige Baum im Garten, zu dem hinauf zu klettern die Zöglinge Erlaubnis hatten. Dieser wurde zum Lieblingsaufenthalt. — „Nach der Linde!" hieß es, wenn irgend etwas Wichtiges mitgeteilt oder unternommen werden sollte. — Hier las Otto von Bismarck seinen Mitschülern in den Freistunden auch den Trojanischen Krieg vor. Er saß dann gewöhnlich auf einem Aste der Linde. Die Zuhörer, soweit sie Platz hatten, bestiegen ebenfalls den Baum, die Übrigen lagerten sich unter demselben. Mit Aufmerksamkeit folgte jeder dem Vorleser. Die Heldenthaten der Griechen vor Troja erweckten helle Begeisterung in den frischen Herzen der Knaben. Es dauerte nicht lange, so hatte jeder den Namen eines dieser Helden. Bismarck konnte kein anderer als der Talamonier Ajax sein.

Er bewährte sich als der Held, dessen Namen er führte, besonders bei den Spielen, welche die Zöglinge in den Freistunden unternahmen. Diese Spiele waren bisher mehr Turnübungen zu nennen gewesen.

Seit Otto von Bismarcks Eintritt aber hatten diese Vergnügungen nach und nach einen ganz anderen Charakter angenommen. Man fing an, sich in zwei Parteien zu teilen und nach allen Regeln der Kunst gegenseitig kriegerische Übungen auszuführen. Otto von Bismarck entwarf die Schlachtpläne und behandelte die Sache mit solcher Wichtigkeit, daß er ein Tagebuch führte, worin er alle die für die Kriegsspiele wichtigen Ereignisse sorgfältig verzeichnete.

Im Winter, wenn Schnee lag, bestanden diese Kampfübungen in regelrechten Schneeballschlachten, an denen nicht selten auch die Lehrer teilnahmen. Hierbei war unser Otto in seinem Element. Er übernahm gewöhnlich die Führerrolle der einen Schar und führte gegen die von der anderen Partei besetzt gehaltenen Gartenterrasse den Sturmangriff aus. Er übersah bald die gegnerische Stellung, und wo die Terrasse nur schwach besetzt war, führte er, während ein allgemeines Bombardement den Hauptangriff verdeckte, seine auserlesene Kernschar zum Sturm. Mit einem lauten Hurra und unter dichtem Schneeballregen drang er an der Spitze seiner Truppe gegen die Terrasse vor. Hier entstand nun ein allgemeines Handgemenge, wobei sich die Köpfe so erhitzten, daß es selten ganz ohne Beulen abging. Bei einem solchen Kampfgewühl geschah es einmal, daß die jugendlichen Streiter in ihrem Eifer selbst das Glockenzeichen zum Widerbeginn des Unterrichts überhörten. Ja, selbst die Stimmen der Lehrer vermochten nicht Ruhe zu schaffen. Da nahm Bismarck-Ajax nach dem Vorbilde seines Griechenhelden, der sich bei den Kämpfen vor Troja großer Feldsteine als Wurfgeschosse zu bedienen pflegte, seinen Schultornister und schleuderte ihn mit einem gebietenden Halt! mitten unter die Streitenden. Augenblicklich waren die Geister gebannt, der Friede hergestellt.

Gleichwie die Geschichte so fesselte bald auch die Geographie den Geist Otto von Bismarcks. Dieses Unterrichtsfach, damals im allgemeinen noch wenig entwickelt, wurde in der Plamannschen Anstalt schon nach anregender, zweckmäßiger Methode gelehrt, so daß statt des bisher in vielen Schulen getriebenen mechanischen Einlernens trockener statistischer Notizen eine wirkliche Länder- und Völkerkunde angebahnt wurde. Die Erziehungsanstalt hatte seit ihrem Bestehen stets die Er-

weckung und Pflege begeisterter Liebe zu allem Vaterländischen in den
Herzen der Zöglinge als Hauptziel aller Lehrthätigkeit festgehalten, und
es boten besonders die beiden genannten Gegenstände den Lehrern
Gelegenheit, in diesem Geiste zu wirken. Die segensreichen Früchte
blieben nicht aus. Otto von Bismarck pflegte in seinen späteren Lebens=
jahren gern zu erzählen, daß ihm durch 'gründliches Studium der Karte
von Deutschland mit ihrem Farbenreichtum von 39 verschiedenen Landes=
grenzen sehr früh die Erkenntnis der Naturwidrigkeit eines solchen Ge=
bildes aufgegangen sei.

In diese Zeit der frühen Jugend Bismarcks fällt auch jenes Er=
eignis, durch welches, wie er selbst später erzählte, sein Vaterlandsgefühl
einen ganz außerordentlich starken und nachhaltigen Impuls erhalten
hat. Es war dies eine kleine Erzählung in dem von Seidenstücker
herausgegebenen Lesebuche „Eutonia", deren Lektüre einen so tiefen Ein=
druck auf ihn machte. Diese Geschichte, welche mit zum Erziehungsfaktor
für den spätern großen Staatsmann geworden ist, führt den Titel:
„Deutsches Schauspiel in Venedig oder die gerettete Ehre der Deutschen"
von A. G. Meißner. Der Inhalt ist etwa folgender:

Alexander, der Erbprinz eines deutschen Kleinstaates, weilt mit
seinem Kammerherrn in Venedig. Die vornehme Welt dieser Stadt
gewährt den deutschen Gästen zwar Zutritt zu ihren gesellschaftlichen
Zirkeln, doch verschmäht man nicht, sich bei vielfachen Gelegenheiten
über das damals freilich wenig geachtete Volk der Deutschen lustig zu
machen, indem man an den Festabenden kleine Theaterstücke zur Auf=
führung bringt, in denen jedesmal diese oder jene deutsche Sitte ver=
spottet wird. Der Kammerherr, gleichwie sein Prinz darüber ergrimmt,
beschließt Vergeltung zu üben. Er verfaßt zu diesem Zweck ein Schau=
spiel, das mit Einwilligung des Prinzen im Hause des letzteren an
einem Gesellschaftsabende aufgeführt werden soll. Die geladenen Nobili
Venedigs erscheinen, und als sie von der geplanten Vorstellung erfahren,
verraten ihre spöttischen Mienen deutlich genug, daß sie erwarten, eine
neue Gelegenheit zu finden, sich über die Deutschen lustig zu machen.

Doch diesmal hatten sie die Rechnung ohne ihren Wirt gemacht. Das
Stück beginnt; die Bühne zeigt eine Straße in Rom bei nächtlicher

Beleuchtung. Ein deutscher Reisender tritt auf, und da er in der späten Nacht kein Unterkommen finden kann, so sucht er sich die Langeweile zu vertreiben, indem er beim Laternenschein ein Buch zu lesen beginnt. Die Gespensterstunde ist angebrochen, und siehe da, hinter dem Lesenden erscheint eine weiße Gestalt, die sich später als der Geist Ciceros kundgiebt. Er hat sich nach jahrhundertelanger Ruhe aus seinem Grabe erhoben, um sich zu überzeugen, wie die Nachkommen seiner römischen Zeitgenossen in Kunst und Wissenschaft fortgeschritten seien.

Da erblickt er den Deutschen in seinem Buche lesend. Staunend betrachtet er über dessen Schultern die seltsam krausen, regelmäßigen Schriftzeichen. Sein Staunen wächst, als er sieht, wie der Lesende seine Repetieruhr aus der Tasche zieht, die auf einen Druck mit dem Finger genau die Stundenzahl angiebt. Den Deutschen befällt bei seiner Lektüre indessen doch Müdigkeit; er versucht noch einmal, die Bewohner eines der anliegenden Häuser zu wecken und sich Einlaß und Nachtherberge zu verschaffen, indem er eine seiner Pistolen aus dem Gürtel hervornimmt und sie gegen eine Hausthür abfeuert. Der Geist Ciceros sinkt bei dem Blitz und Knall des Schusses vor Schreck fast in die Erde. Doch von höchster Neugierde erfüllt, faßt er sich ein Herz, den Fremden anzusprechen.

Dieser, obwohl ihn die seltsame Gestalt des Gespenstes zuerst stutzig macht, steht kaltblütig und gelassen Rede und Antwort. Der Geist bittet ihn um Erklärung der wunderbaren Dinge, welche er gesehen und gehört hat. Zuerst erheischt er Aufschluß über die sonderbaren Schriftzüge in dem Buche und erfährt von der Erfindung der Buchdruckerkunst durch einen Deutschen. Dann wird ihm die Einrichtung der Taschenuhr erklärt, die sich abermals als eine deutsche Erfindung herausstellt. Und als der alte Römer endlich erfährt, daß auch die Erfindung des Pulvers, der wunderthätigen Kraft in der Feuerwaffe, die den Göttern den Blitz und Donner entwunden zu haben scheint, von einem Deutschen stamme, da ist seine Verwunderung schier ohne Grenzen.

„Ist's möglich?" ruft er aus. „Die Deutschen und immer wieder die Deutschen! Dieses Volk, welches zu meiner Zeit noch aus halbwilden, in Tierhäute gekleideten Barbaren bestand, scheint treffliche Fortschritte gemacht zu haben. Dann aber muß mein edles Volk der Römer, dessen Geist damals schon die Welt beherrschte, jetzt auf eine Höhe gelangt sein, die nahezu an die Sonne reicht!" —

„Also gefallen wir Deutsche dir", entgegnete der Reisende, „so wie wir jetzt zu deinem Vaterlande zu kommen pflegen? — Nun wohl, so ist's gewiß auch dein Wunsch, zu erfahren, wie die Vertreter deines Volkes sich gewöhnlich in meinem Vaterlande zeigen? Ich verstehe ein wenig Zauberei; gieb acht!" — und auf den Wink des Deutschen erscheinen hausierende, Murmeltiere zeigende Savoyarden in elendem Zustande und mit blödem Gesichtsausdruck, bei deren Anblick der Geist Ciceros entsetzt verschwindet. Welchen Eindruck das Schauspiel auf die stolzen Venetianer machte, läßt sich leicht ermessen.

Der Inhalt dieser Erzählung war freilich wohl geeignet, das empfängliche Herz eines deutschen Knaben zur Begeisterung für die Vorzüge seines Volkes zu entflammen.

Fast sechs Jahre dauerte der Aufenthalt Otto von Bismarcks in der Plamannschen Anstalt, vielfach unterbrochen durch die Ferien, die auf Kniephof, gelegentlich wohl auch in Schönhausen oder in Berlin im Elternhause verlebt wurden. Das waren immer hohe Festzeiten für den Knaben. Vieles holte er dann auf den alten trauten Spielplätzen der Kindheit nach, was er so lange hatte entbehren müssen. Die höchste Freude empfand sein Herz aber beim ersten Anblick eines kleinen menschlichen Wesens, dessen Dasein ihn bei einem Ferienbesuche im Elternhause auf Kniephof überraschte. Es war ein Töchterchen, das den Eltern Ottos in demselben Jahre (am 29. Juni 1827) als er die Plamannsche Anstalt verließ, geschenkt worden war. Er hat zu dieser seiner einzigen Schwester, Malwine mit Namen, stets die zärtlichste Liebe gehegt.

Die Plamannsche Erziehungsanstalt hat dem Geiste Bismarcks, obwohl sie Bedeutendes zu seiner Entwicklung beigetragen, doch mehr trübe als freundliche Bilder eingeprägt. Er hat es später stets schmerzlich empfunden, daß er in so früher Kindheit der liebevollen Fürsorge des Elternhauses hat entbehren müssen. Doch ob anders aus dem gefühlvollen Knaben der „eiserne" Mann geworden wäre? — Die alte

Linde, in deren Schatten er einst seinen Mitschülern die Heldenthaten der Griechen und Trojaner verkündet, hat als mächtiger Baum lange in der östlichen Häuserflucht der Königgrätzer Straße, auch damals noch gestanden, als Otto von Bismarck 1871 an der Spitze des siegreichen Heeres in der Würde eines Fürsten und Kanzlers des neuen Deutschen Reiches in die deutsche Kaiserstadt einzog. Jetzt hat der historische Baum einem Gebäude Platz machen müssen; aber eine Tafel an demselben mit der Inschrift: „Hier stand die Bismarcklinde im Garten der Plamannschen Erziehungsanstalt, deren Zögling der Fürst war 1821 bis 1827" bezeichnet den an dem Hause Königgrätzer Straße 88 Vorübergehenden jene denkwürdige Stätte.

Zu Ostern 1827 mit dem Beginn seines dreizehnten Lebensjahres wurde Otto von Bismarck in die Untertertia des Friedrich=Wilhelms=Gymnasiums zu Berlin aufgenommen. In der neuen Schulanstalt gewann Otto von Bismarck die besondere Gunst eines Lehrers, der in seiner ferneren Schulzeit einen bedeutenden Einfluß auf ihn ausübte. Es war dies Professor Dr. Bonnell, späterer Direktor des Grauen Klosters. Schon am Tage der Aufnahme erfüllte ihn das Wesen und die Haltung des Knaben mit Zuneigung für denselben. Der treffliche Schulmann berichtet darüber: „Die neu Aufgenommenen saßen im Schulsaale auf mehreren Bänken hintereinander, so daß die Lehrer während der Einleitungsfeier Gelegenheit hatten, die Neuen mit vorahnender Prüfung durchzumustern. Otto von Bismarck saß mit sichtlicher Spannung, klarem, freundlichem Knabengesicht und hell leuchtenden Augen frisch und munter unter seinen Kameraden, so daß ich bei mir dachte: Das ist ja ein nettes Jungchen, den will ich besonders ins Auge fassen."

Des Lehrers „vorahnende" Musterung erwies sich nicht als Täuschung. Otto machte als Schüler des Gymnasiums die besten Fortschritte; von leichter Fassungsgabe und hellem Verstande, lernte er schnell und behielt auch das einmal Gelernte treu im Gedächtnis. Er wohnte damals mit seinem älteren Bruder Bernhard zusammen in der Berliner Wohnung seiner Eltern, Behrenstraße 53. Ein Hauslehrer führte hier die Aufsicht über die Knaben und erteilte neben einem besonderen fran=

zösischen Lehrer, Mr. Gallot aus Genf, die nötige Nachhilfe im Unterricht. Zur Winterzeit fanden sich auch die Eltern in Berlin ein, die mit dem nahenden Sommer wieder aufs Land übersiedelten.

Dann sorgte für die leiblichen Bedürfnisse der beiden lernbeflissenen Junker eine Haushälterin, Trine Neumann, von welcher Otto von Bismarck später folgende launige Schilderung entworfen hat: „Trine Neumann stammte von meinem väterlichen Gute Schönhausen in der Altmark. Sie hatte uns Jungen herzlich lieb und that alles, was sie uns an den Augen absehen konnte. So machte sie uns zu abend fast immer unser Leibgericht: Eierkuchen. Wenn wir zuvor ausgingen, ermahnte Trine Neumann uns regelmäßig: ‚Blievt hüt nich so lang ut, dat min Kauken nich afbacken!' und regelmäßig, wenn wir endlich nach Hause kamen, hörten wir die gute Trine schon wie einen Rohrsperling schimpfen: ‚Na tövt, Jungs, ut Jug ward in'n Lewen nix Vernünftigs; min Kauken sind al wedder afbackt!' Aber der Zorn der guten Trine war immer bald verraucht, wenn sie sah, wie vortrefflich ihre ‚afbackten Kauken' uns Jungens schmeckten."

Inzwischen vergingen die Jahre; es kam der Tag der Einsegnung für Otto von Bismarck. Den Konfirmandenunterricht genoß er bei Schleiermacher, dem berühmten Berliner Geistlichen, Prediger [an der Dreifaltigkeitskirche, der zu Ostern 1830 die Einsegnung an ihm vollzog. Welchen tiefen Eindruck die heilige Handlung auf das Gemüt des von wahrer Frömmigkeit erfüllten Knaben gemacht hat, geht daraus hervor, daß sich die Erinnerung daran in seinem späteren, reich bewegten Leben nie wieder verwischt hat. Bismarck nannte als greiser Mann seiner Schwester noch den Weihespruch, welchen ihm Schleiermacher an heiliger Stätte mit ins Leben gegeben. Es war der Eph. 6, 7 stehende Bibelvers: „Lasset euch dünken, daß ihr dem Herrn dienet, und nicht den Menschen", welchen der freigesinnte, nicht sklavisch am Buchstaben klebende Geistliche in folgender Form aussprach: „Was du thust, das thue Gott, und nicht den Menschen!" — „Noch weiß ich genau den Platz", erzählte der Reichskanzler seiner Frau Schwester alsdann, „wo ich unter den Konfirmanden gesessen habe, und als ich dann aufgerufen wurde und vor den Altar treten sollte, pochte mir gewaltig das Herz."

Noch der achtzigjährige Bismarck erinnerte sich Schleiermachers mit Verehrung. Gelegentlich eines Besuches des Verfassers dieses Werkes in Friedrichsruh rühmte der Fürst die hohen Geistesgaben des berühmten Theologen und sagte, auf dessen verwachsene Gestalt mit gewaltigem Haupt deutend, was Mutter Natur bei Schleiermacher am Rückenmark gespart habe, sei dem Gehirn zu gute gekommen.

Als Otto von Bismarcks älterer Bruder seine Gymnasialbildung vollendet hatte, um sich dem Militärberuf zu widmen, wurde die gemeinsame Wirtschaft unter Trine Neumann aufgelöst, und Otto kam zu dem

Das Graue Kloster zu Berlin.

Professor Prevost in Pension. Mit diesem Wohnungswechsel war zugleich auch die Übersiedelung in eine andere Schulanstalt und zwar in das Gymnasium zum Grauen Kloster verbunden. Hier fand Otto seinen alten Gönner, den Professor Bonnell, der inzwischen hierher versetzt worden war, auch als Lehrer wieder. Sein Wunsch, zu diesem wohlwollenden Herrn in Pension zu kommen, ging bald in Erfüllung. Bonnell charakterisiert seinen Zögling und dessen Verhalten in seiner Familie also: Ostern 1831 kam Otto von Bismarck als Pensionär in mein Haus (damals Am Königsgraben Nr. 4), wo er sich freundlich und anspruchslos in meiner Häus=

lichkeit und durchaus zutraulich bewegte. Er zeigte sich in jeder Beziehung liebenswürdig. Er ging des Abends fast niemals aus. Wenn ich zu dieser Zeit zuweilen nicht zu Hause war, so unterhielt er sich freundlich und harmlos plaudernd mit meiner Frau und verriet eine starke Neigung zu gemütlicher Häuslichkeit.

Der Aufenthalt in der Bonnellschen Familie wurde Otto von Bismarck auch noch in mancher andern Hinsicht zum Segen. Der reich gefüllte Bücherschrank des Professors bot dem wißbegierigen Knaben köstliche Schätze; namentlich benutzte derselbe die umfangreichen Geschichtswerke zum fleißigen Studium, über dem er oft alles andere vergaß. Und wie große Anhänglichkeit und Achtung Bismarck auch als gereifter und berühmter Mann seinem alten treuen Lehrer bewahrt hat, bekundet dieser in seinen hinterlassenen Aufzeichnungen aus seinem Leben, in denen es an gegebener Stelle heißt: Der 17. April 1871 war der Tag, an welchem die Stadt Berlin die zum erstenmal versammelten Abgeordneten des deutschen Reichstages in dem großen Festsaale des neuen Rathauses begrüßte. Ich war auch dazu eingeladen. In dem großen Gedränge der Abgeordneten und Notabilitäten jeder Art zog natürlich Bismarck die Aufmerksamkeit am meisten auf sich. Plötzlich steht der große Mann vor mir und reicht mir in gewohnter Freundlichkeit beide Hände. Die Hitze des Saales hatte mein Gesicht gerötet; deshalb drückte er seine Freude darüber aus, mich so wohl zu finden. „Ich kann dies Ew. Durchlaucht zurückgeben," sagte ich, „und doch haben Sie einen bedeutenden Teil der Weltgeschichte nicht bloß durchgemacht, sondern gemacht." — „Nun," erwiderte er, „ich habe so etwas an ihren Fäden gesponnen." Darauf folgten noch andere freundliche Worte, Erkundigungen nach meiner Frau u. s. w. —

Die Zeitungen schilderten dann in den nächsten Tagen den Eindruck, den dieser Vorgang auf die im Rathaussaale Versammelten gemacht hatte. In dem Bericht eines Blattes hieß es: Wer ist der kleine alte Herr, mit dem Bismarck so lange spricht, zu dem er sich fast herabzubeugen scheint? Es ist der Direktor Bonnell, der einst des Fürsten Lehrer war. Es thut einem wohl zu sehen, wie respektvoll der große Schüler noch heute vor seinem alten Lehrer steht. — —

Regierungsführung Deutsches Reich

Deutsches Kaiserreich

Name	Amt	Amtszeit
Fürst Otto von Bismarck (1815–1898)	Reichskanzler	16.04.1871–20.03.1890
Graf Leo von Caprivi (1831–1899)	Reichskanzler	20.03.1890–26.10.1894
Fürst Chlodwig zu Hohenlohe-Schillingsfürst (1819–1901)	Reichskanzler	29.10.1894–17.10.1900
Fürst Bernhard von Bülow (1849–1929)	Reichskanzler	17.10.1900–14.07.1909
Theobald von Bethmann-Hollweg (1865–1921)	Reichskanzler	14.07.1909–13.07.1917
Georg Michaelis (1857–1936)	Reichskanzler	14.07.1917–01.11.1917
Graf Georg von Hertling (1843–1919)	Reichskanzler	01.11.1917–30.09.1918
Prinz Max von Baden (1867–1929)	Reichskanzler	03.10.1918–09.11.1918

Weimarer Republik

Name	Amt	Partei	Amtszeit
Friedrich Ebert (1871–1925)	Reichskanzler	SPD	09.11.1918–10.11.1918
	Vorsitzender des Rates der Volksbeauftragten		10.11.1918–11.02.1919
Hugo Haase (1863–1919)	Vorsitzender des Rates der Volksbeauftragten	USPD	10.11.1918–29.12.1918
Philipp Scheidemann (1865–1939)	Vorsitzender des Rates der Volksbeauftragten	SPD	29.12.1918–07.02.1919
	Reichsministerpräsident		13.02.1919–20.06.1919
Gustav Bauer (1870–1944)	Reichsministerpräsident	SPD	21.06.1919–14.08.1919

Name	Amt	Partei	Amtszeit
Konstantin Fehrenbach (1852–1926)	Reichskanzler	Zentrum	25.06.1920–04.05.1921
Joseph Wirth (1879–1956)	Reichskanzler	Zentrum	10.05.1921–22.10.1921 und 26.10.1921–14.11.1922
Wilhelm Cuno (1876–1933)	Reichskanzler	parteilos	22.11.1922–12.08.1923
Gustav Stresemann (1878–1929)	Reichskanzler	DVP	13.08.1923–03.10.1923
Wilhelm Marx (1963–1946)	Reichskanzler	Zentrum	06.10.1923–30.11.1923
Hans Luther (1879–1962)	Reichskanzler	parteilos	15.01.1925–5.12.1925 und 20.01.1926–12.05.1926
Otto Geßler (1875–1955)	Reichskanzler	DDP	12.05.1926–17.05.1926
Wilhelm Marx (1863–1946)	Reichskanzler	Zentrum	17.05.1926–17.12.1926 und 19.01.1927–12.06.1928
Hermann Müller (1876–1931)	Reichskanzler	SPD	28.06.1928–27.03.1930
Heinrich Brüning (1885–1970)	Reichskanzler	Zentrum	30.03.1930–07.10.1931
Franz von Papen (1879–1969)	Reichskanzler	Zentrum	01.06.1932–17.11.1932
Kurt von Schleicher (1882–1934)	Reichskanzler	parteilos	04.12.1932–28.01.1933

Nationalsozialismus

Name	Amt	Partei	Amtszeit
Adolf Hitler (1889–1945)	Reichskanzler	NSDAP	30.01.1933–31.07.1934
	Führer und Reichskanzler		01.08.1934–30.04.1945
Joseph Goebbels (1897–1945)	Reichskanzler	NSDAP	30.04.1945–01.05.1945
Johann Ludwig Graf Schwerin von Krosigk (1887–1977)	Leiter der Geschäftsführenden Reichsregierung	parteilos	02.05.1945–05.06.1945

In der Reihe *Deutsches Reich – Schriften und Diskurse: Reichskanzler* ist bereits erschienen:

Bd. I/I
Otto Fürst von Bismarck, der erste Reichskanzler Deutschlands. Ein Lebensbild
Autor: Bernhard Rogge
ISBN (HC): 978-3-86347-036-4
(PB): 978-3-86347-035-7

Bd. I/IV
Otto Fürst von Bismarck. Bismarcks Briefwechsel mit dem Minister Freiherrn von Schleinitz 1858-1861
Autor: Otto von Bismarck
ISBN (HC): 978-3-86347-188-0
(PB): 978-3-86347-189-7

Bd. II/I
Leo Graf von Caprivi. Die Reden des Grafen von Caprivi
Autor: Leo Graf von Caprivi (Hrsg. Rudolf Arndt)
ISBN (HC): 978-3-86347-146-0
(PB): 978-3-86347-147-7

Bd. II/II
Leo Graf von Caprivi. Bismarcks Kampf gegen Caprivi
Autor: Julius von Eckardt
ISBN (HC): 978-3-86347-153-8
(PB): 978-3-86347-154-5

Bd. III/I
Chlodwig Fürst zu Hohenlohe-Schillingsfürst. Zu seinem hundertsten Geburtstag
Autor: Friedrich Curtius
ISBN (HC): 978-3-86347-090-6
(PB): 978-3-86347-089-0

Bd. IV/I
Bernhard von Bülow - Deutsche Politik
Autor: Bernhard von Bülow
ISBN (HC): 978-3-86347-096-8
(PB): 978-3-86347-095-1

In der Reihe *Deutsches Reich – Schriften und Diskurse: Reichskanzler* ist bereits erschienen:

Bd. V/I
Theobald von Bethmann Hollweg - der fünfte Reichskanzler
Autor: Gottlob Egelhaaf
ISBN (HC): 978-3-86347-088-3
(PB): 978-3-86347-087-6

Bd. VI/I
Georg Michaelis - Für Staat und Volk. Eine Lebensgeschichte
Autor: Georg Michaelis
ISBN (HC): 978-3-86347-092-2
(PB): 978-3-86347-091-3

Bd. VII/I
Georg von Hertling - Recht, Staat und Gesellschaft
Autor: Georg von Hertling
ISBN (HC): 978-3-86347-094-4
(PB): 978-3-86347-093-7

Bd. VIII/I
Prinz Max von Baden - Erinnerungen und Dokumente
Autor: Prinz Max von Baden
ISBN (HC): 978-3-86347-086-9
(PB): 978-3-86347-085-2

Bd. VIII/II
Prinz Max von Baden - Die moralische Offensive. Deutschlands Kampf um sein Recht
Autor: Prinz Max von Baden
ISBN (HC): 978-3-86347-084-5
(PB): 978-3-86347-083-8

Bd. I/V
Otto Fürst von Bismarck – Sein Leben und Werk
Autor: Adolf Matthias
ISBN (HC): 978-3-86347-204-7
(PB): 978-3-86347-205-4

Bd. VI/II
Georg Michaelis – Weltreisegedanken
Autor: Georg Michaelis
ISBN (HC): 978-3-86347-207-8
(PB): 978-3-86347-208-5

In der Reihe *Deutsches Reich – Schriften und Diskurse: Reichskanzler* ist bereits erschienen:

Bd. IX/II
Philipp Scheidemann – Der Zusammenbruch
Autor: Philipp Scheidemann
ISBN (HC): 978-3-86347-219-1
(PB): 978-3-86347-220-7

Bd. I/VI
Otto Fürst von Bismarck – Bismarck und Österreich
Autor: Franz Zweybrück
ISBN (HC): 978-3-86347-216-0
(PB): 978-3-86347-217-7

Bd. I/VII
Otto Fürst von Bismarck. Eine Biographie zu seinem einhundertsten Geburtstag
Autor: Franz Geppert
ISBN (HC): 978-3-86347-224-5
(PB): 978-3-86347-225-2

Bd. I/VIII
Otto Fürst von Bismarck – Hedwig von Bismarck, die Cousine von Otto von Bismarck. Eine Autobiographie
Autorin: Hedwig von Bismarck
ISBN (HC): 978-3-86347-227-6
(PB): 978-3-86347-228-3

Bd. I/XI
Otto Fürst von Bismarck – Zwölf Bismarcks
Autor: Walter Flex
ISBN (HC): 978-3-86347-236-8
(PB): 978-3-86347-237-5

Bd. I/XII
Otto Fürst von Bismarck – Bismarck am Schreibtisch. Der verhängnisvolle Immediatbericht
Autor: Otto Gradenwitz
ISBN (HC): 978-3-86347-405-8
(PB): 978-3-86347-406-5

Bd. III
Otto Fürst von Bismarck – Bismarckbriefe 1836-1872
Autor: Otto von Bismarck
ISBN (HC): 978-3-86347-542-0
   (PB): 978-3-86347-543-7

In der Reihe *Deutsches Reich – Schriften und Diskurse: Reichskanzler* **erscheint demnächst:**

Bd. I/X
Otto Fürst von Bismarck
Autor: Eduard Heyck
ISBN (HC): 978-3-86347-233-7
   (PB): 978-3-86347-234-4

Bd. I/IX
Otto Fürst von Bismarck – Johanna von Bismarck, die Frau Otto von Bismarcks
Autor: Eduard Heyck
ISBN (HC): 978-3-86347-230-6
   (PB): 978-3-86347-231-3

Jeder Titel der Reihe erscheint im SEVERUS Verlag in zwei Ausgaben:

Hardcover (HC)   Paperback (PB)

Bei offenen Fragen, Anregungen oder Wünschen kontaktieren Sie uns gern:

SEVERUS Verlag
Hermannstal 119 k • D-22119 Hamburg • Fon: +49 - (0)40 - 655 99 2-0
Fax: +49 - 0)40 - 655 99 2-22 • kontakt@severus-verlag.de

www.severus-verlag.de

www.ingramcontent.com/pod-product-compliance
Lightning Source LLC
Chambersburg PA
CBHW050911300426
44111CB00010B/1472